# SIGNES D'EXODE

## DU MÊME AUTEUR

# ELIE WIESEL

# SIGNES D'EXODE

*Essais, histoires, dialogues*

# BERNARD GRASSET
PARIS

# PARENTHÈSES

*Akavia fils de Mahallel conseillait à l'homme de constamment méditer sur trois choses : d'où il vient, où il va et à qui il va devoir rendre des comptes.*

*Pour un écrivain qui se veut témoin, ce conseil est particulièrement précieux. Jetant un regard sur l'itinéraire parcouru, il doit parfois dresser un bilan.*

*Bien sûr, on retrouvera ici quelques-uns de mes thèmes et obsessions. Quarante ans après l'Événement, j'éprouve toujours l'angoisse de ne pouvoir dire l'indicible, l'obligation d'essayer, et la sensation d'avoir échoué. Comment décrire la distance qui sépare les morts des vivants, les Juifs de leurs ennemis, Auschwitz d'Hiroshima?*

*Certains textes de ce volume – dont le choix pourrait paraître arbitraire – reflètent l'actualité changeante. Le scandale de la torture officialisée, la tragédie des Indiens Miskitos, les tueries au Liban : impossible de ne pas prendre position. Et puis, la menace nucléaire : impossible de lui tourner le dos.*

*Histoires, dialogues, légendes hassidiques, conférences prononcées un peu partout aux États-Unis, essais et commentaires : ce qu'ils ont en commun, c'est qu'ils sont tous entre parenthèses – mais que, par-delà les signes, ils s'interpellent les uns les autres.*

*Nous serons tous jugés un jour. Par les morts.*

E. W.

# CROIRE OU NE PAS CROIRE

Quelque part dans les Carpates, à l'autre bout de ma vie, un enfant juif récite ses prières quotidiennes. Pour mieux se concentrer il ferme les yeux et se balance d'avant en arrière comme pour sortir du rythme de ses activités quotidiennes. Puis, juste avant la fin, il répète les treize articles de la foi tels que, sept siècles auparavant, un médecin de Cordoue, le grand philosophe et codificateur Moïse fils de Maimon les avait formulés – principes clairs et immuables qui servent d'appui à tous ceux qui en ont besoin : « Je crois en Dieu, créateur unique et seule source de toute action... Je crois qu'Il est premier et dernier... Toute punition et toute récompense viennent de Lui... Aucune loi ne sera substituée à la Sienne... Je crois en la venue du Messie; même s'il tarde, je l'attendrai chaque jour... »

Je regarde l'enfant juif qui prie et qui a peur de regarder; je l'écoute; et je l'envie.

Pour lui, pour moi, jadis c'était facile et simple. Je craignais Dieu tout en l'aimant. Je m'accommodais de l'exil tout en le regrettant. J'aimais mes parents, j'admirais mes maîtres. J'avais la foi, comme on dit. Et si je l'interrogeais, c'était par inquiétude qu'elle ne fût pas assez entière.

Ma place dans le monde des contingences, mon but dans la vie éphémère? Je les connaissais. Créé par Dieu, il appartenait à l'homme de rendre l'univers plus accueillant. Et la rédemption plus proche. Ambitions démesurées? Et après? Être juif signifiait pour nous, en diaspora, rapprocher la cime de l'abîme, le pire des supplices de l'ultime espérance. Prisonnier là-haut dans le temps divin, le Messie ne peut être libéré qu'en bas, par l'homme. Œuvre de Dieu, la Torah échappe à Dieu : ceux qui l'étudient, et eux seuls, sont habilités à l'interpréter. Paradoxes dangereux? vivre pour nous était un paradoxe, et le danger ne nous effrayait pas.

En ce temps-là, je ne pouvais concevoir un Juif qui ne se définît pas à travers sa foi. Il pouvait choisir entre la fidélité et le reniement. Un Juif sans foi était renégat, banni de la communauté d'Israël; donc méprisable. Et nuisible par-dessus le marché. J'en avais assez lu sur le sujet pour savoir que nombreuses furent les détresses causées par les renégats; on les trouve à plus d'un carrefour de la souffrance juive.

L'accomplissement, pour un Juif, ne s'opère que de l'intérieur. Mais il peut tendre vers l'extérieur. Un bon Juif est celui qui, en faisant honneur à son peuple, justifie la fierté de tous les autres. Un mauvais Juif ne peut être bon Français ou bon Américain. Qui s'écarte des siens finira par répudier ceux auxquels il souhaite ressembler.

Lorsqu'on demandait à une mère juive, du Dniepr à la Vistule, quels rêves elle nourrissait pour ses enfants, elle répondait invariablement : « Tout ce que je désire c'est qu'ils grandissent en bons Juifs. » Être bon Juif, c'était quoi? C'était assumer le destin du peuple juif dans son ensemble; c'était se sentir proche de tous ses éléments; c'était vivre à plus d'une époque, écouter plus d'un discours, s'intégrer dans plus d'un système; c'était revendiquer l'enseignement de Hillel aussi bien que celui de Shammaï, et se passionner pour Rabbi Akiba autant que pour son adversaire Rabbi Ishmaël; c'était appeler la joie les jours de fête et entrer dans la tristesse les soirs de deuil; c'était être prêt à se sacrifier pour la sanctification de Son nom sans même être sûr que ce soit Lui qui le désire, que ce ne soit Lui qui donne au bourreau sa force sinon son droit...

Pour l'enfant que j'étais, la question ne se posait d'ailleurs pas. J'étais persuadé que tout venait de Dieu. S'Il nous châtiait, Il savait pourquoi: nous n'avions qu'à Lui faire confiance et Lui dire merci. Les voies du ciel, qui suis-je pour oser les explorer? Le bien et le mal, j'ai le devoir de choisir entre eux, mais non de les définir: la définition appartient au juge suprême; c'est souvent par le châtiment qu'Il nous montre la valeur et les conséquences de nos actes; nous pensions faire le bien, nous avons fait le mal. Procédé injuste? Bonne question, mais elle ne tolère guère de réponse. Si nous avons dû nous exiler de notre patrie, c'est que nous avions péché: même si nous ne pouvons pas voir le rapport de cause à effet, cela ne veut pas dire qu'il n'existe pas.

Une légende talmudique: impressionné par l'érudition et l'ampleur des connaissances de Rabbi Akiba, Moïse voulut voir la suite. Dieu lui montra la fin tragique du grand Maître qui, en Judée occupée, sur la place du marché, subit le supplice que les Romains réservaient aux rebelles. Et Moïse s'écria: « Seigneur, est-ce Ta justice qui veut cela? est-ce cela la récompense pour avoir étudié Ta loi? » Et Dieu lui répondit: « Tais-toi, tu ne peux pas comprendre. »

Et Moïse se tut. Et mes maîtres d'ajouter : « Ce qui était suffisant pour Moïse ne le serait pas pour toi? » Je dus répondre que, en effet, c'était suffisant pour tous ceux qui avaient foi en Moïse. « Pour un croyant, disait un Rabbi hassidique, il n'existe pas de questions; et pour un incroyant il n'existe pas de réponses. »

Tout cela me paraissait vrai et irréfutable. Et maintenant? Est-ce le moment de dresser le bilan? J'ai écrit, j'ai parlé : ai-je dit ce que j'ai voulu dire? Ai-je appris à distinguer entre l'essentiel et le futile? Quel est le sens de l'Histoire? quel est l'avenir de l'humanité? J'ai un fils, j'ai des élèves : de quel droit vais-je les rendre responsables d'un monde qu'ils n'ont pas créé? Au nom de quelle croyance vais-je essayer de leur inculquer les notions et les préceptes que j'ai reçus, moi, lorsque j'avais leur âge?

Avant d'insister sur ce que je crois, je devrais peut-être dire ce que je ne crois pas, ce que je ne crois plus : je ne crois plus en la vertu magique de la parole. Elle ne signifie plus ordre, mais désordre. Elle n'élimine pas le chaos, mais le maquille. Elle ne porte plus l'espérance des hommes : elle la diminue en la dénaturant. Elle a cessé d'être véhicule pour s'ériger en obstacle. Elle n'indique plus partage; elle n'est que compromis.

Pourtant, par ma tradition, par ma vocation aussi, mes rapports avec la parole furent différents; ils furent proches de la célébration. Fonction indispensable au développement de l'homme, la parole en devint l'expression suprême; certains mystiques lui attribuèrent des pouvoirs. La vie et la mort en dépendent, selon l'Ecclésiaste. Le destin du monde en dépend. Le nom du Messie précéda le Messie. La parole précéda la création elle-même. Grâce à elle, l'être émergea du néant et la lumière se sépara de l'ombre. Avant d'agir, Dieu parla. Le langage introduisit l'homme dans l'histoire, pas inversement.

Tous les enfants juifs connaissent la berceuse que, dans les ghettos de la peur, des femmes mélancoliques chantaient à leurs enfants : *Oif'n pripitchik*. Il s'agit d'un Rabbi qui enseigne à ses petits élèves l'*aleph-bet* : « Quand vous serez grands, vous comprendrez combien ces lettres contiennent de larmes et de douleur. » Et de joie. Et de majesté. En plaidant pour son peuple, dit le Midrash, Moïse s'adressa aux vingt-deux lettres de l'alphabet et les prit comme témoins pour la défense : il a assez fait pour vous, à votre tour de vous montrer reconnaissantes envers lui. La Bible et ses commentaires, le Talmud et ses interprétations : eh oui, l'infini existe et il se trouve dans les mots que tôt ou tard il fera éclater. Une lumière singulière, unique, première, les traverse et les fait vibrer de vie et de vérité. Le Besht, disait-on, lisait le Zohar et son regard parcourait la terre de bout en bout; et nous, enfants juifs, nous écoutions cette légende et, dans notre imagination, le Besht s'arrêtait pour nous sourire et nous montrer la voie.

Peu de cultures anciennes, peu de civilisations vivantes sont aussi imprégnées de passion pour la parole. Ce n'est pas l'arche qui a sauvé grand-père Noé, dit une tradition hassidique, c'est la parole. C'est qu'en hébreu *Tévah* désigne à la fois arche et lettre. Pour le sauver du Déluge, Dieu ordonna à Noé de se construire un

langage qui lui servirait d'abri et de refuge. Chassé de
son pays par les Babyloniens d'abord, par les Romains
ensuite, le peuple juif n'emporta avec lui que quelques
lois, quelques souvenirs, quelques coutumes consignés
dans un livre grâce auquel il a su résister aux tentations
et vaincre les périls. Grâce au Talmud, il a pu vivre
dans Jérusalem loin de Jérusalem. Dehors, sur la place
du marché, les assassins aiguisaient leurs couteaux,
mais à quelques pas de là, dans la Maison de prière et
d'étude, les sages et leurs disciples approfondissaient
tel sujet, dans tel traité, concernant des événements qui
avaient eu lieu mille ans plus tôt. Rattachés par la
mémoire de la parole, et aussi par la parole de la
mémoire, au royaume de David, les exilés le mainte-
naient en vie en le racontant, en priant pour sa
reconstruction. Le troisième Temple, dit un texte
midrashique, sera indestructible parce qu'il sera de
feu; non, pensions-nous : il sera dans la parole.

Une légende talmudique, d'une beauté grave et
émouvante, raconte le martyre du grand Rabbi Hananya fils de Tradyon. Parce qu'ils l'avaient condamné à
périr sur le bûcher pour avoir enseigné la Torah en
public, les Romains l'enveloppèrent dans les rouleaux
sacrés et y mirent le feu. Ses disciples, présents,
l'interrogèrent : « Que vois-tu, Maître? » Et il répondit :
« Je vois les parchemins qui brûlent, mais les lettres, je
les vois flotter en l'air. » Car ces lettres, elles, restent
indestructibles; l'ennemi sera à tout jamais impuissant
devant la parole.

Nous récitons cette légende dans le cadre de la
liturgie du Yom Kippour. Elle est valable pour tous les
jours de l'année. Elle décrit ce que le Juif éprouvait
chaque fois qu'il subissait les persécutions par le glaive

ou les flammes : « Notre ennemi peut nous tuer, mais il ne peut rien contre ce que nous incarnons. »

Lorsque le Besht fut puni pour avoir tenté de précipiter la rédemption, il oublia son enseignement; et tous ses pouvoirs lui furent ôtés. « Dites une prière, le supplia son serviteur. – Laquelle? demanda le Besht. Je les ai toutes oubliées. Et toi? – Moi aussi, dit le serviteur. Je ne me rappelle que l'aleph-bet... » Et le Besht de s'écrier : « Mais alors, qu'attends-tu? Dis-moi l'aleph-bet, je répéterai après toi. » Et il récita les lettres de l'alphabet avant tant de ferveur que ses connaissances et ses pouvoirs lui furent rendus.

« Seigneur, j'ai un marché à te proposer, déclara un jour Rabbi Levi-Itzhak de Berditchev. J'aimerais te composer les litanies et les éloges qui te sont dus, mais je ne suis pas écrivain; alors voilà : je te donne les vingt-deux lettres de ta langue sacrée, tu les utiliseras mieux que moi. »

Car toute parole contient sa part de sacré; toute parole doit tendre au sacré. Les mots que nous prononçons aujourd'hui, Isaïe et Jérémie les ont articulés, dans d'autres contextes, sous d'autres cieux : si les nôtres rendent un son différent, c'est notre faute. Nous oublions que Dieu nous écoute. En fait, Il nous écoute pour nous inciter à la parole. Dire que nos prières « montent » vers le trône céleste, c'est indiquer qu'elles y sont accueillies comme des enfants rentrés d'un long voyage. Prier, c'est se repentir; c'est opérer un retour sur soi-même.

Les enfants d'Israël furent sauvés en Égypte, dit le Talmud, parce qu'ils restèrent fidèles à leur langue. Et celle-ci le leur rendit bien. Si le roi David revenait dans sa cité, il comprendrait ce que ses habitants se disent les uns aux autres, et mieux encore : ils le comprendraient, lui. La parole divine, entendue au Sinaï, n'a perdu ni de son autorité ni de sa jeunesse aujourd'hui. Les nôtres ne font que la refléter, la véhiculer : c'est là leur justification.

Respect excessif de la parole humaine? Elle nous reliait au mystère du commencement en même temps qu'à celui de la survie. Dieu, au Sinaï, ne prononça qu'un seul mot; mais ce mot contenait tous les autres que des hommes, depuis l'origine du temps et jusqu'à sa fin, auront dit pour étendre Sa gloire ou attirer Sa malédiction.

Aujourd'hui, hélas, leur parole est loin d'être glorieuse.

Mais en revanche, elle est bruyante. C'est-à-dire : la génération elle-même est bavarde. Contaminée par la parole, elle la pousse jusqu'aux confins de la planète. On n'a jamais tant parlé. Télévision, radio, télécommunications par satellite, transmission en direct, discours, interviews, commentaires, analyses : à force d'écouter tant de voix, l'homme moderne n'en entend plus aucune. Et sûrement pas la sienne propre.

Serait-ce parce qu'il a trop de choses à dire? et à dire vite? Aurait-il peur de ne pouvoir s'exprimer à temps? Se laisse-t-il agresser par les bruits extérieurs pour s'y perdre? pour s'enivrer et s'assourdir?

Tout cela s'applique également à l'écriture. On n'a jamais tant écrit, semble-t-il. Et sûrement tant publié. L'Ecclésiaste, encore lui, aurait-il raison d'inclure l'inflation littéraire parmi les malédictions eschatologiques?

Il fut un temps où j'éprouvais pour les livres, n'importe lesquels, un sentiment proche du sacré. Je les palpais, je les tâtais, je les humais avant de les ouvrir, avant d'y rencontrer un auteur familier ou inconnu, un thème ancien ou inédit, un paysage obscur ou illuminé ; si le volume était en hébreu et traitait de choses religieuses je l'embrassais en le refermant. S'il glissait et tombait par terre, je me précipitais pour le relever et lui demander pardon. Aujourd'hui, si j'ose dire, c'est le contraire : on s'empare de tel livre et on a envie de le jeter dans la corbeille. N'en voulons pas aux auteurs : c'est dans la langue, ou plutôt dans l'attitude envers la langue qu'il faut chercher la raison de l'évident déclin de la littérature contemporaine. Les mystiques parlent d' « exil de la parole ». De même que la Shekhina, la parole aurait suivi Israël en exil. Or, qu'est-ce que la parole en exil ? C'est la distance, l'écart entre les mots et ce qu'ils recouvrent. C'est la tension, l'aliénation entre eux. Ce sont les mots quand ils refoulent le sens, ou bien le sens quand il rejette les mots ; dans les deux cas, il y a, entre la parole et sa signification, un écran parfois lumineux, souvent opaque percé par des lueurs occasionnelles.

Le phénomène n'est pas limité à une seule langue, ni à une seule société ; il est quasiment universel. Dans tous les pays gagnés par la modernité, on assiste à cette inflation, donc à cette dévaluation verbale.

Des partis politiques se font la « guerre », des industries lancent des « offensives », des critiques « massacrent » romans ou pièces de théâtre, des journalistes vantent ou dénoncent la dernière « révolution » de la haute couture. Par ailleurs, Staline a construit le Goulag pour « rééduquer » ses citoyens, Beria a anéanti des centaines de milliers de personnes pour le « salut » de l'humanité ; quant à Hitler, il a inventé l'univers concentrationnaire et la solution finale toujours pour le « bien-être » du genre humain.

La perversion absolue du langage date de cette époque-là. Néron et Attila ne masquaient point leurs crimes par des prétextes grandiloquents. L'Inquisition nommait ses supplices et ses exécutions. Marat et Robespierre n'appelaient pas la Terreur d'un euphémisme qui sonnât mieux. Jusqu'au règne nazi, les tueurs tuaient et le disaient; les tortionnaires torturaient et s'en vantaient. Les nazis, eux, assassinaient des milliers et des milliers de Juifs et parlaient simplement de « traitement spécial ». « Choses, objets » signifiaient êtres humains. « Relocation » voulait dire déportation, évacuation, liquidation : extermination. « Nuit et brouillard » sont deux mots fort poétiques; maintenant nous savons déjà ce qu'ils cachaient. C'est pareil pour « sélection ». Grâce à cette technique verbale, les assassins arrivaient à se persuader mentalement qu'ils n'étaient pas des assassins. En « obéissant », ils ne faisaient que « purifier » l'Europe de ses Juifs. A la limite, ils devaient croire qu'ils méritaient la reconnaissance des Alliés eux-mêmes pour avoir fait le « sale travail » – sale mais nécessaire – à leur place.

Il y a certains mots allemands que je ne peux plus employer, m'a dit Nelly Sachs le jour où je lui ai rendu visite.

Ai-je trop écrit moi-même, sur le thème concentrationnaire? Certains confrères me le disent. Si seulement il pouvait parler d'autre chose, suggèrent-ils. En vérité, je ne fais que cela. Mes ouvrages traitent de la Bible, du Talmud, du monde hassidique, de Jérusalem, des Juifs russes; j'écris sur des thèmes anciens pour ne pas m'occuper de celui qui me paraît le plus présent, le plus urgent. Un jour, j'aimerais, moi aussi, rédiger un roman où le paysage ne soit pas enseveli sous la cendre; un jour j'aimerais, moi aussi, chanter la vie et célébrer la foi. Pas encore...

Personnellement, je ressens les difficultés, les ambiguïtés et les pièges du langage, lorsque j'essaie de raconter ce que, après tout, je pense connaître le mieux : certaines expériences que conservent mes souvenirs.

Je me rends compte que ce que j'ai voulu dire, je l'ai mal dit, ou peut-être ne l'ai-je même pas dit. Pire : il se peut que j'aie dit autre chose.

Suis-je trop sévère à mon propre égard? Peut-être ne suis-je pas en cause. N'empêche que je suis conscient de mes limites. Et que, surtout, j'ai la conviction, infiniment douloureuse, presque impossible à articuler, que voici : en plus d'un sens, l'ennemi a remporté la partie; les morts sont morts et les survivants ne pourront même pas raconter ce qu'ils ont vu et vécu.

Dans un de mes romans, un personnage est fusillé à bout portant, mais il ne peut pas mourir : tous les membres de sa famille sont morts, tous ses amis sont morts, il est le dernier; et parce qu'il est le dernier, il ne peut pas mourir; alors, le tueur lui dit : « Un jour tu me maudiras pour t'avoir épargné, même si c'était involontaire de ma part; tu parleras mais personne ne t'écoutera; tu diras la vérité, mais ce sera la vérité d'un fou. »

C'est un peu notre cas à tous : notre mémoire est celle des fous. Comment faire pour lui ouvrir les

portes? comment faire pour en partager les visions?
Les mots, dans notre bouche, signifient ce que nul ne
pourrait comprendre. La faim, la soif, la peur, l'humiliation, l'attente, la mort : pour nous, ces mots traînent
d'autres réalités. Voilà l'ultime tragédie des victimes :
le tueur les a tuées, et en les tuant il s'est arrangé pour
qu'on ne puisse en parler.

Ce que nous avons subi se situe au-delà du langage,
de l'autre côté de la vie et de l'Histoire. Le ghetto et le
wagon scellé, les enfants vivants jetés dans les flammes,
les vieillards muets égorgés, les mères au regard
dément, les fils impuissants à atténuer l'agonie du
père : un être normal ne peut assimiler tant d'horreur,
ne peut recevoir tant de ténèbres, un être normal ne
peut comprendre, ne pourra jamais comprendre.

Tragédie du témoin : que doit-il faire de son témoignage? Pour lui, il s'agissait de survivre uniquement
pour pouvoir raconter; aurait-il survécu pour rien?
Cette angoisse caractérise mes contemporains; ils s'interrogent sans cesse sur le sens de leur survie que
certains, à tort, qualifient de miraculeuse; ils se sentent
coupables vis-à-vis des morts qui les ont chargés d'une
mission impossible à remplir; ils sont donc destinés à
vivre une existence qui n'est pas la leur.

Si auparavant, la pensée devenait acte et l'acte
parole, le processus, aujourd'hui, est interrompu.
Aujourd'hui nous admettons que certains actes restent
en deçà de la parole. Celle-ci n'en est plus l'aboutissement logique. Et tous les discours sur les « leçons »
tirées d'Auschwitz et le « message » reçu de Tréblinka

– leçons d'éthique et messages politico-théologiques –
n'ont rien à voir avec le sujet.

Au lendemain de la tourmente, face à un monde
horrifié, les rescapés des camps ne faisaient que
répéter : « Vous ne pouvez pas comprendre, vous ne
pouvez pas comprendre. » Plus tard, pour des raisons
souvent nobles et toujours humanitaires, ils ont essayé :
il fallait bien sensibiliser les hommes, les prévenir de
certains périls, leur montrer les chemins où il est
dangereux de s'engager. A chaque fois, il leur fallait se
faire violence pour se livrer même en partie, pour
parler de choses intimes – y a-t-il chose plus intime que
la douleur, que la mort? – et, à chaque fois, c'était
perdu d'avance. L'auditeur ne comprenait pas ou
comprenait mal, à côté.

Mais alors, me demanderez-vous, et tous ces ouvrages, tous ces romans, tous ces récits, toutes ces études,
comment devons-nous les lire? N'auraient-ils même pas
soulevé le voile? désigné la blessure? indiqué le cimetière? Bien sûr, les témoins sont obligés d'écrire et les
lecteurs de lire. Et pourtant, je le sais, le secret entre
eux ne sera pas fait de liens mais d'absence de liens.

Ce que je dis là, je ne le dis pas sans gêne et encore
moins sans tristesse. Mais je ne crois pas avoir le droit
de ne pas le dire. En un certain sens j'ai raconté un peu
de mon passé non pas pour que vous le connaissiez,
mais pour que vous sachiez que jamais vous ne le
connaîtrez.

De même que, dans la Kabbale, on parle de *shvirat
hakelim*, de ces « vaisseaux brisés » lors de la création,
nous devons envisager aujourd'hui la possibilité d'une
rupture similaire, à une échelle aussi vaste que la
première, impliquant la totalité de l'être.

Rupture entre passé et futur, entre création et créateur, entre l'homme et son semblable, entre l'homme et son langage, entre les mots et le sens qu'ils recèlent.

Mais alors, me direz-vous, que nous reste-t-il? L'espoir malgré tout, malgré nous? Le désespoir peut-être? Ou la foi?

Il ne nous reste que la question.

# MYTHE ET HISTOIRE

Il est curieux de constater que nous nous méfions du mythe alors que nous respectons l'histoire. Et cependant, les mythes sont plus anciens que l'histoire; ils précèdent les événements alors que l'histoire, par définition pourrait-on dire, les relate après coup. Les mythes peuvent mourir; l'histoire ne meurt pas – et même, l'histoire a le privilège de consigner la mort des mythes. Cela est certes injuste; mais affirmer que la vie est juste est en soi un mythe. Qu'advient-il quand meurent les mythes? Pourquoi doivent-ils mourir? Et la puissance de l'homme est-elle dans sa capacité de créer des mythes ou, comme nous le voyons dans la société actuelle, dans son désir de les détruire? Quand nous disons « ce n'est qu'un mythe », nous entendons par là que ce n'est pas sérieux; « c'est de l'histoire » signifie qu'il s'agit de quelque chose de permanent, de triomphal, d'éternel. Nous avons le culte des faits. « Entrer dans l'histoire » est l'espoir des grands aventuriers, des politiciens – et du philosophe. Ceux mêmes qui, par goût de la poésie, croient aux mythes, désirent « entrer dans l'histoire ». Contrairement au flou du mythe, l'histoire s'enracine dans le passé – mais dans un passé qui nous semble défini et non vague, improbable, comme celui du mythe – en outre, elle est assurée de l'avenir.

Juif, je crois que l'histoire a été notre force, alors que le mythe nous affaiblissait, nous rendait vulnérables. Nous avons bien souvent souffert des mythes, et nous avons survécu grâce à notre histoire. Les mythes du « pouvoir juif », de « l'arrivisme juif », existaient avant qu'il y eût une nation juive. Ces mythes se sont transmis de Pharaon à Antiochus, d'Hadrien à Torquemada, jusqu'à Hitler et Staline : mêmes mythes, mêmes conséquences. Des pans entiers de vie juive ont été anéantis à cause de mythes sans fondement mais fatals que répandaient des hommes qui n'avaient entre eux rien de commun que la haine du Juif. Ils affirmaient que nous avions tué un dieu, et nous massacraient. Ils affirmaient que nous empoisonnions les puits, et nous noyaient. Ils affirmaient que nous commettions des meurtres rituels, et nous faisaient monter sur le bûcher. Nous rejetons les mythes, mais l'histoire nous a-t-elle mieux traités? L'histoire est-elle aussi notre ennemie?

Le mythe et l'histoire ne s'excluent pas l'un l'autre. Il y a du mythe dans l'histoire, tout comme il y a de l'histoire dans le mythe. D'un personnage de théâtre ou de roman, nous pouvons en apprendre beaucoup sur l'auteur – peut-être davantage que l'auteur ne nous en apprend sur le personnage. Nous connaissons mieux Hamlet et Faust que nous ne connaissons Shakespeare et Goethe. Lequel est mythe? Valéry disait que tous les mythes sont liés au langage et n'existent que par le langage. Ce qui, d'un mythe, n'est pas dit ou écrit, restera non existant. L'histoire, elle, transcende le langage et peut évoluer sans lui. Nous gardons le souvenir d'événements que l'histoire a négligés.

Des mythes, nous pouvons dire que certains sont bons, et d'autres ne le sont pas; il en est qui entraînent au péché, qui commettent le péché, qui sont le péché – et d'autres, non. Pour l'histoire, il n'est pas possible d'admettre une aussi claire dichotomie : les mêmes hommes, les mêmes peuples sont en même temps, au même moment – et souvent pour les mêmes raisons – à la fois bien et mal, soumis au péché en même temps que capables de rédemption. Il n'en va pas ainsi des mythes. Prenons, par exemple, le mythe du Déluge, thème important dans les traditions juive et babylonienne; le cas est clair : Noé face à la perversion. Dans ce qui, chez nous, est quasi-mythologie, sous l'influence peut-être d'autres traditions, nous avons Satan d'un côté, et les anges de l'autre.

Les mythes par eux-mêmes impliquent moralité ou immoralité; l'histoire en appelle à l'objectivité. Le mythe prend parti; l'histoire se veut neutre. Le mythe étale les passions; l'histoire demande une certaine distanciation et n'admet de passions qu'en les relatant. On parle de « sens de l'histoire » et l'on tente de s'abriter sous ce qu'on appelle ses « lois ». Dans la religion marxiste, l'histoire va jusqu'à s'attribuer les caractères d'une divinité qui jamais ne se trompe et toujours trouve des excuses pour les erreurs commises en son nom. L'histoire est devenue une force implacable qui crée ses propres dieux et ses propres mythes.

Ces événements mythiques, ces mythes-symboles existent-ils dans le judaïsme? Mon premier mouvement serait de répondre : non. Nous sommes contre le mythe, nous ne croyons pas aux dieux; nous nous refusons à

accorder trop de réalité aux mythes et trop de mytho-
logie à la réalité. Mais relisant certains de nos textes, je
m'aperçois que j'aurais tort. Nous avons nos événements et nos personnages mythiques – pas beaucoup il
est vrai, et, de plus, quand nous rencontrons un mythe,
il nous est clairement présenté comme tel. Lorsque,
dans les textes juifs, on nous présente un personnage
mythique, tout est fait pour nous prévenir qu'il ne s'agit
pas d'un personnage réel, qu'il s'agit d'une fable; on
prend le plus grand soin pour éviter toute confusion
entre le fait et la légende, entre le mythe et l'histoire.
Les Juifs ont en effet appris que le vrai danger ne
réside pas dans le mensonge, ni même dans le fait de
croire aux mensonges, mais dans la confusion entre le
faux et le vrai. Voici, par exemple, un personnage
mythique qui s'enracine dans la réalité : Amalek.
Amalek est le symbole de l'ennemi du Juif. La loi
ordonne à tout Juif qui rencontrerait un Amalécite de
le tuer. La loi est la loi – mais nos sages édictent
difficultés sur précautions pour nous empêcher d'iden-
tifier un Amalécite. Et l'Amalécite est devenu un
mythe.

Nous avons aussi nos « bons mythes », des mythes
créateurs de bien et de beau, des mythes enrichissants.
Le prophète Élie monte jusqu'aux cieux mais revient
toujours sous un aspect ou sous un autre. On connaît la
légende des trente-six Justes grâce à qui le monde
subsiste; trente-six Justes anonymes qui doivent rester
inconnus. De cela, on peut tirer une leçon : ne méprisez
pas le mendiant, il peut être le prophète Élie; ne
méprisez pas l'errant, il peut être un Juste caché.
Lorsqu'il s'agit d'affronter un mythe, nous sommes mis
en garde. Dans le Talmud de Jérusalem, nous enten-

dons la voix de Rabbi Yeoshoua ben Levi : « Qui met cette légende par écrit n'aura pas part au monde qui vient, et quiconque l'écoute ne jouira pas de ses récompenses. » Mais cette attestation abrupte est balancée par un autre *midrash* qui nous dit qu'il convient de respecter les légendes que chacun – juif ou non-juif – peut comprendre, savourer, étudier, transmettre.

En effet, comme tout autre groupe humain, nous avons besoin de contes et de fables pour bercer nos peurs et exalter notre vie, inspirer notre imagination. Mais nous devons savoir qu'il ne s'agit que de fables et nous devons les recevoir comme telles. Les faits demeurent des faits. C'est ainsi que le Talmud nous livre l'étrange histoire d'un homme qui perdit sa femme et n'avait pas les moyens de nourrir son nouveau-né. Alors, lui poussèrent deux seins comme ceux d'une femme et il fit téter son enfant. Miracle! dit Rabbi Yosseph : « Cet homme était certainement un saint, puisqu'un miracle fut fait en sa faveur. » Mais Abbayé répond : « Cet homme était sûrement un pécheur puisque, à cause de lui, l'ordre de la création fut bouleversé. » Voilà bien une histoire qui n'est qu'une histoire, et non pas un fait, de l'Histoire. Ce n'est qu'une fable, une parabole. D'où son aspect frappant, fantasmagorique, féerique. D'où son impossible, son impensable réalisme.

Le prophète Ézéchiel entend la voix de Dieu : « Vois ces ossements desséchés. Le jour viendra où ils retrouveront vie. » Cette prophétie est, de toute évidence, une allégorie : Dieu dit au peuple d'Israël : « Ne perds pas espoir. J'ouvrirai vos tombeaux et vous ramènerai au pays d'Israël. » Mais le Talmud, qui est pourtant un feu d'artifice d'imagination, prend bien soin de nous assurer qu'il ne s'agit que d'une allégorie. Au traité Sanhédrin, folio 92, Rabbi Éliézer affirme : « Ceux qui connurent la résurrection au temps d'Ézéchiel se dressèrent et chantèrent la louange du Seigneur – puis ils moururent à nouveau. » S'ensuit une discussion sur la forme de la louange que chantaient ceux qui vécurent la résurrection. Rabbi Yehouda dit : « *Im émèth, mashal haya*, c'était vérité et parabole. » Rabbi Néhémya dit : « *Im émèth, lamma mashal; veim mashal, lamma émèth*, ou bien c'était vérité ou bien c'était parabole, comment cela peut-il être les deux à la fois? » Et il répond lui-même à sa propre question : « C'était en vérité une parabole. » Alors intervient un autre Maître, Rabbi Éliezer fils de Rabbi Yossé le Galiléen, qui pousse l'image encore plus loin : « Eh! oui, ils vécurent la résurrection. Pourquoi dis-tu qu'ils moururent aussitôt? Bien au contraire, ils retournèrent s'établir en terre d'Israël, et là, ils se marièrent et eurent des enfants. » Sur quoi se lève un autre Maître, Rabbi Yéhouda ben Bétira, et il déclare : « Bien sûr qu'ils vinrent en Israël, qu'ils s'y marièrent et engendrèrent des enfants! Je suis l'un de leurs descendants. Et les *tephillim*, les phylactères, que je porte, c'est d'eux que je les ai hérités. » Par ces commentaires en clins d'œil, il est clair que les sages du Talmud voulaient dire en fait : « Ne pensez pas un instant que cela s'est passé dans la réalité. Une parabole est une parabole, et une fable une fable. Quant aux faits, ils doivent être traités comme des faits. »

Il y a un personnage pleinement mythique dans notre Bible hébraïque, un seul : Job. Et le texte même du

Livre de Job nous informe immédiatement du caractère mythique du personnage.

Il était une fois, au pays de Ouz, terre lointaine et
qui n'a peut-être jamais existé, un saint homme nommé
Job (curieux nom) qui avait des ennuis avec tout le
monde – avec ses enfants toujours en goguette, avec ses
amis toujours prêts à ajouter le poids de leurs paroles à
ses souffrances, avec sa femme jamais avare de conseils
que personne ne lui demandait, et avec Dieu. Tout le
reste est théologie. Le texte, dès l'abord, marque le
caractère fantastique du récit. Il s'ouvre sur un débat
entre Dieu et Satan, sorte de conversation bien peu
théologique, presque mondaine. Et les catastrophes
s'abattent sur Job. Des messagers l'informent que le
monde tout à l'entour est en ruine; à peine un de ces
porteurs de désastreuses nouvelles est-il reparti, qu'un
autre survient avec des nouvelles plus désastreuses
encore : « Tes serviteurs ont été massacrés, et moi seul
ai survécu pour venir te l'annoncer. » « Tes troupeaux
ont été volés, et les bergers égorgés. Seul je vis encore
pour t'en faire le récit. » « Ta maison s'est écroulée sous
les coups de la tempête, et tes fils, tous tes fils, ont été
ensevelis sous les débris. Je suis l'unique rescapé,
accouru pour te raconter la triste histoire. » Si vous
étudiez le texte de près, vous ne pouvez croire qu'il
s'agisse d'une relation de faits réels. Le scénario est
trop bien agencé. Les messagers récitent un texte trop
bien appris, trop souvent répété avec un metteur en
scène trop zélé; s'ils avaient été vrais, ils n'aligneraient
pas ces versets trop semblables, trop dramatiques, trop
poétiques. Et pourquoi Job est-il si crédule? Il ne
demande aucun détail, n'exige aucune preuve, ne
procède à aucun contre-interrogatoire. Est-il possible

de croire que tant de désastres puissent frapper un même homme, ainsi, coup sur coup, en un même après-midi? Aucune loi des séries n'admettrait un tel enchaînement, un tel déchaînement. La crédulité de Job me fait croire que, si par hasard il a jamais existé, il n'était pas juif. Les Juifs ne croient pas en de tels messagers. D'ailleurs, de mon temps, lorsque des messagers sont venus dans ma petite ville et ont raconté les malheurs qui s'abattaient sur les Juifs, nous ne les avons, hélas! pas cru; nous pensions qu'ils étaient fous.

Que savons-nous de Job? Beaucoup de choses, trop, au point que cela nous embrouille un peu l'esprit. Quand a-t-il vécu? Autrefois. Mais quand précisément? Ne le demandez pas, car vous obtiendrez trop de réponses. Certaines légendes en font le contemporain de Noé, d'autres le placent au temps de Daniel, ou d'Ézéchiel, ou de Jacob, de Moïse, de Samson, de Salomon, ou même des premiers sages du Talmud. Le texte biblique précise son âge : deux cent dix ans; mais si vous additionnez les âges couverts par les légendes, il a dû vivre plus de huit cents ans. Des éléments essentiels manquent au récit. Nous ignorons les noms de ses fils. Et, bien plus, nous ne connaissons pas davantage le nom de son père, ce qui, dans le judaïsme, est rare. On appelle toujours quelqu'un *ben,* fils de. Chacun doit s'inscrire dans la lignée de ses ancêtres. Nous ne connaissons pas le nom de la femme de Job – mais cela, nous y sommes un peu habitués. Où vivait-il? Partout : en Égypte, en Canaan, à Babylone, et, évidemment, à Ouz qui est une cité mythique. Quelle était sa fonction? Il était conseiller de Pharaon, il était prince, il était un juste, il était prophète, il était même une sorte de messie pour les gentils.

A tout cela, le Talmud ajoute quelques autres hypothèses. C'est ainsi que Reb Shmouel ben Nahman affirme simplement que, tout compte fait, *Iyov lo haya velo nivra,* Job n'existait pas; il s'agit d'une parabole. Aussitôt cela dit, se dresse un autre sage qui s'exclame : « Comment cela? » Il m'est arrivé de m'asseoir sur sa tombe. » Deux opinions – et, bien sûr, une troisième : il a bien existé un homme du nom de Job, mais il n'a pas subi toutes ces souffrances. D'où une quatrième opinion : « Oh! si, Job a souffert – mais il n'a pas existé. » Il y a une chose cependant que nous savons, c'est que Job a protesté – belle et poignante protestation.

Lorsque nous tentons de redire notre histoire, nous nous référons à Job, nous nous rappelons ses interrogations : « Qu'est-il advenu de Toi, ô mon Dieu? Comment se fait-il que le méchant est en paix et que la paix fuit le Juste? Pourquoi le voleur dans sa tente dort-il tranquillement, l'assassin est heureux – et non point les victimes? » Job pose toutes les questions de la théodicée qui doivent être posées à Dieu.

Et même, dit le *midrash,* Job se tourne vers Dieu et dit, plutôt désorienté qu'attristé : « Maître de l'univers, je ne Te comprends pas. Peut-être sommes-nous tous deux, Toi et moi, victimes d'une erreur d'identité, d'une faute d'orthographe? Peut-être as-Tu mal placé une lettre de mon nom et confondu *Iyov,* Job, et *oyëv,* qui signifie : l'ennemi? Peut-être me punis-Tu alors que Tu poursuivais quelqu'un d'autre? » Aussi étrange que cela puisse paraître, de toutes les questions que pose Job, Dieu ne répond directement et clairement qu'à celle-là. La voix de Dieu retentit dans la tempête : « Voyons, homme! reprends tes esprits, et écoute!

Innombrables sont les cheveux que j'ai créés sur la tête de chaque humain, et chacun des cheveux a sa propre racine. Je ne confonds pas la racine de ce cheveu-ci avec la racine de ce cheveu-là. Comment pourrais-Je confondre *Iyov* et *oyëv*? Innombrables sont les gouttes que J'ai créées dans chaque nuage, et chaque goutte a sa propre source. Je ne confonds pas les nuages ni les gouttes. Comment pourrais-Je confondre *Iyov* et *oyëv*? Innombrables sont les éclairs que J'ai créés, et pour chaque éclair J'ai créé un autre chemin. Je ne confonds pas les éclairs et Je ne mêle pas leurs voies. Comment pourrais-Je confondre Job et "ennemi"? J'ai créé la chèvre sauvage qui est cruelle envers ses petits; quand elle va mettre bas, elle grimpe au plus haut d'un rocher escarpé et jette les nouveau-nés dans le précipice – aussi ai-Je désigné un aigle pour les rattraper et les porter sur ses ailes, et l'aigle arriverait-il un instant trop tôt ou un instant trop tard, ces petits de chèvre s'écraseraient au fond du précipice. Non, Je ne confonds pas *Iyov* et *oyëv*. »

Eh! oui, cela est étrange, et plus étrange encore le fait que Job accepte cette réponse. Job n'était pas juif, mais Dieu répond à sa question par une autre question – à la manière juive. Souvenez-vous du texte du Livre de Job, quand enfin Dieu parle après les longues interrogations, il dit : « *Eyphô hayita,* où étais-tu lorsque Je créais les vents, lorsque Je créais l'univers? Que sais-tu de tout cela? que sais-tu de la justice? » Job ne dit pas alors : « Maître de l'univers, laisse-moi à ma douleur. La création du monde, c'est Ton affaire, et je voudrais comprendre pourquoi Tu m'as puni – et à cela, Tu ne m'as pas répondu. » Au lieu de quoi, Job se repent aussitôt, il tente de se repentir de ses péchés et dit : « Oui, je suis coupable. Oui, je suis pécheur. » Cela n'a aucun sens.

Au début, j'ai été déçu par Job. Je me suis senti abandonné, je me suis cru floué par lui. Par mon héros qui aurait dû se dresser et lutter, encore et encore; il met bas les armes trop tôt. Puis, j'ai étudié le texte, et étudié, et j'ai compris que les auteurs multipliaient les indices pour nous faire bien comprendre qu'il s'agit d'un mythe, mais, dans ce passage en particulier, qu'il faut l'interpréter, et comprendre qu'en fait Job n'a pas rendu les armes. J'en suis venu à cette conclusion en réfléchissant sur les rapports entre le mythe et l'histoire, mais aussi lorsque je me suis penché sur l'histoire des années 30. J'étais très jeune alors, mais les procès truqués en Russie soviétique m'ont stupéfié, m'ont troublé, comme plus tard ceux de 1951-1952. Je ne comprenais pas les « confessions » des compagnons de Lénine, des grands héros qui avaient eu le courage d'affronter les geôles et les tortionnaires du tsar, qui avaient ébranlé l'histoire; pourquoi passaient-ils aux aveux? Qu'est-ce qui les entraînait à se confesser? Je crois qu'on peut comprendre cela de la façon suivante : s'ils avaient avoué un peu, on aurait pu les croire; mais ce n'est pas ce qu'ils ont fait : ils avouaient tout – d'un coup. Tout et n'importe quoi. Ils n'opposaient aucun argument à l'accusation; au contraire, ils se chargeaient tant et plus, ils noircissaient à plaisir leur propre image. Quand l'accusation disait : « Vous êtes un traître », ils disaient : « Un traître? Non, je suis un super-traître. J'ai commis un crime? Non, une centaine de crimes. » Pourquoi agissaient-ils ainsi? Ils poussaient l'idée de leur culpabilité au-delà du crédible, jusqu'au royaume du mythe. Ils voulaient s'assurer que nous ne les croirions pas. Et nous ne les croyons pas.

Il en va de même pour l'histoire de Job. Job eût-il argumenté avec Dieu, ne fût-ce qu'un tout petit peu – eût-il dit : « Mon Dieu, sur tel point – d'accord! mais sur tel autre, non », je dirais que Dieu serait sorti vainqueur du débat. Après tout, comment Dieu peut-il avoir le dessous dans une controverse? Mais Job n'a pas discuté. Du début à la fin, il est lucide. Dès que Dieu se met à parler, Job acquiesce : « Je suis coupable. Je ne discute pas. Je ne discute pas, j'incline la tête » – ce qui signifie qu'il ne s'incline pas.

Un autre passage du Livre de Job le prouve. La fin en est un *happy end* de roman feuilleton. Job se remarie, retrouve sept fils et sept filles, redevient riche, et finit par mourir à un âge avancé. Il meurt *zaqën ouseva' yamim*; cette expression, qui littéralement signifie « âgé et rassasié de jours », ne se trouve qu'une autre fois, dans la Bible, à propos d'Isaac. Et cela nous met sur la piste. Après qu'au mont Moriah Dieu eut demandé qu'Isaac soit sacrifié, quel plaisir, quelle joie, quel bonheur, pourra-t-il jamais retrouver dans la vie? Lorsqu'il meurt, il est « rassasié de jours », il en a plus qu'assez de la vie, comme Job. Bien sûr, à la surface, Job accepte tout ce que Dieu lui offre, comme s'il était possible de remplacer une vie humaine par une autre vie humaine, des enfants par d'autres enfants. Comme s'il était possible d'être indemnisé pour la souffrance et la douleur. Job est « rassasié de jours », il ne veut plus vivre après que la catastrophe l'a frappé, mais il doit vivre quand même puisque le suicide n'est pas acceptable.

Ce qui est arrivé à Job préfigure ce qui arrive maintenant au peuple juif. Il y a une génération, nous avons subi la souffrance, nous avons vu nos enfants massacrés, nous avons perdu nos amis, nous avons été abandonnés par Dieu. Mais nous avons trouvé un germe de consolation dans la mémoire, dans l'histoire.

Ceux qui nous haïssent disent que la catastrophe n'a jamais eu lieu, que Job n'a jamais souffert, que le peuple juif n'a pas perdu ses enfants et ses sages. Que peut-on faire contre cela? Je n'en sais rien. Mais ce que je sais, c'est que, dans la tradition juive, l'antonyme d'histoire n'est pas mythe. Le contraire de l'histoire est l'oubli.

# Enfance

## 1

## SOUVENIRS DE PÂQUE

« ... Voici le pain des pauvres que nos pères ont mangé en terre égyptienne... Quiconque a faim, qu'il vienne partager notre repas. »

Ainsi s'ouvre le *Seder,* cette cérémonie familiale ancienne grâce à laquelle chaque Juif, partout et depuis toujours, peut et doit revivre un événement vieux de trente-cinq siècles.

Pourquoi le cacher? Comme tous les enfants juifs, j'aimais cette fête plus que les autres. A la fois solennelle et joyeuse, elle nous permettait de vivre en dehors du temps. Esclave sous les pharaons, je suivais Moïse vers l'inconnu, le désert, la mort : son appel à la liberté était plus fort que la peur.

Le Seder nous transformait jusque dans notre être. Mon père, ce soir-là, jouissait de l'autorité souveraine d'un roi; ma mère, plus douce et plus belle que jamais, ressemblait à une reine. Et nous, les enfants, étions tous des princes. Les visiteurs eux-mêmes – voyageurs de passage, mendiants esseulés que nous avions invités à notre table – se comportaient comme des messagers porteurs de secrets ou comme des princes déguisés.

Comment pouvais-je ne pas aimer *Pessach?* Cette
fête commençait bien avant la fête. Des semaines
auparavant, nous vivions dans l'attente, meublée par
d'innombrables préparations. Il fallait nettoyer la maison, sortir tous les livres dans la cour pour les épous-
seter, aider les disciples de mon Rabbi à préparer les
*matzot*. Pessach signifiait la fin de l'hiver, la victoire
du printemps, le triomphe de l'enfance...

J'interromps ma rêverie, car je me rends compte que
je m'exprime au passé. Est-ce parce que ce n'est plus
vrai aujourd'hui? Pas du tout. La signification de la
fête et de ses rites n'a guère changé. Moi, oui, j'ai
changé.

Bien sûr, je me conforme à la tradition, je récite les
prières, je chante les psaumes appropriés, je raconte
l'histoire de l'Exode, je réponds aux questions que mon
fils me pose, mais tout au fond de moi-même je sais que
ce n'est pas pareil; ce n'est plus comme jadis.

Rien n'est plus comme avant. Un abîme me sépare
de l'enfant que j'ai été. Nous ne sommes plus du même
côté. Aujourd'hui je sais qu'aucune joie ne saurait être
complète. J'irai plus loin et je dirai que, maintenant, en
période de fêtes, notre joie pourtant obligatoire est
teintée d'une telle mélancolie qu'elle ressemble à de la
tristesse.

C'est compréhensible : Pessach est la dernière fête
que j'aie célébrée à la maison.

Tout cela, je le rappelle pour vous dire pourquoi il m'est impossible de raconter Pessach seulement au présent.

Est-ce que je l'aime moins qu'avant? Non. Disons : différemment. Maintenant je l'aime à cause des questions qui, après tout, constituent sa raison d'être.

Le Seder tout entier ne nous est ordonné que pour inciter les enfants à poser des questions. « En quoi cette nuit est-elle différente des autres nuits? » Parce qu'elle évoque pour nous une autre nuit, proche et lointaine, la dernière qu'un peuple persécuté et opprimé, le nôtre, ait passée en Égypte. Pourquoi devons-nous manger des herbes amères? Pour nous rappeler les larmes amères que nos ancêtres ont versées en exil. Chaque chant, chaque geste, chaque coupe de vin, chaque bénédiction, chaque silence de la soirée font partie d'un scénario. Son but, c'est de susciter la curiosité en ouvrant les portes de la mémoire.

Ce soir-là, toutes les questions sont permises et valables. Et pas seulement par rapport à la fête elle-même. Toutes les questions se tiennent. La pire des malédictions est peut-être de n'en point poser. Il y a, selon la légende, quatre attitudes possibles devant l'Histoire : celle du fils sage qui connaît la question et l'accepte, celle du fils impie qui connaît la question mais la rejette, celle du fils innocent et simple qui connaît la question mais y reste indifférent, et enfin celle du fils ignorant qui ne connaît même pas la question.

La pire des angoisses : que faire pour ne pas oublier la question? comment faire pour vaincre l'oubli?

Que signifie Pessach, sinon la nécessité de maintenir vivante la mémoire du passé? Être juif, c'est assumer le passé. Et l'insérer dans les préoccupations, les projets, les engagements du présent.

Nous lisons les nouvelles du jour. Elles sont toujours les mêmes : incidents autour de Jérusalem, fusillades au Liban, tensions à Hébron... Privé de son passé, de son histoire, c'est-à-dire de son attachement à l'histoire, quel droit Israël aurait-il sur sa capitale et même sur son pays? Les événements du Moyen-Orient ont un sens dans la mesure où les êtres qui les traversent apprennent à mieux se souvenir. Si la paix entre Israël et l'Égypte nous bouleverse par son aspect miraculeux, c'est non seulement à cause de Sadate et de Begin, mais à cause de Moïse.

En récitant la Hagadah – le recueil qui raconte la sortie d'Égypte des enfants d'Israël – nous en retirons un sentiment étrange : nous avons l'impression de vivre, aujourd'hui, une nouvelle époque biblique.

Mes contemporains ont vu et vécu ce qu'aucune génération n'a jamais vu : la puissance des ténèbres et *aussi* la victoire d'une promesse; le royaume de la nuit et *aussi* la renaissance d'un rêve; le nazisme et ses victimes, mais *aussi* la fin du cauchemar; les morts de Babi-Yar, mais *aussi* les jeunes Juifs russes qui furent les premiers à lancer leur défi à la dictature policière du Kremlin.

Parfois la tête nous tourne, tant la rapidité des événements est démesurée, déchaînée, effrayante. L'Histoire avance trop vite. L'humanité a conquis l'espace, mais elle n'a pas influencé le cœur des hommes. N'aurions-nous rien appris? Toutes ces guer-

res qui continuent à ravager des dizaines de pays!
Toutes ces victimes qui tombent sous les balles des
terroristes! Tous ces milliers d'enfants qui meurent de
faim – oui, de faim – et de maladies – oui, de maladies
– en Afrique et en Asie. Pourquoi tant de haine sur la
terre? Pourquoi tant d'indifférence à la haine, à la
souffrance, à l'angoisse des autres?

J'aime Pessach parce que cette fête reste pour moi
un appel à refuser l'indifférence, un appel à la compassion.


Je songe à deux légendes. La première concerne Job.
Il se trouvait en Égypte en même temps que Moïse.
Mieux présent à la cour du pharaon, il était son
conseiller au même titre que Yethro et Bileam. Lorsque
Pharaon se demanda comment résoudre sa « question
juive » à lui, Yethro se déclara favorable à la proposition de Moïse demandant qu'on laissât partir son
peuple – tandis que Bileam, lui, s'y opposa. Consulté à
son tour, Job refusa de prendre position, garda le
silence. Eh bien, c'est cette neutralité, dit le Midrash,
qui lui valut ses souffrances futures; en temps d'épreuve, de péril, nul n'a le droit de choisir l'abstention, la
prudence; quand la vie et la mort – ou simplement le
bonheur – d'une communauté humaine sont en jeu, la
neutralité est criminelle car elle aide, renforce l'oppres-
seur face à sa victime.

La deuxième légende n'est pas moins poignante : elle
se situe, dans le Midrash, à propos du passage de la
mer Rouge. Les victimes désignées sont sauvées à la
toute dernière minute, tandis que leurs oppresseurs se

noient devant leurs yeux. Moment de grâce si extraordinaire que les anges se mettent à chanter. Mais Dieu, alors, les interrompt par le rappel le plus humain, le plus généreux et le plus chaleureux qui soit : Qu'est-ce qui vous prend? leur dit-il en colère. Mes créatures sont en train de périr dans les flots de la mer et vous chantez? Comment pouvez-vous me glorifier avec vos chants pendant que meurent des êtres humains?

Bien que ces deux légendes ne figurent pas dans le Seder traditionnel, j'aime les raconter. Pour moi, Pessach est aussi cela : l'engagement constant en faveur d'autrui : et la compassion.


Oh, je sais bien : c'est vite dit. La compassion pour les ennemis de mon peuple, qui aurait le droit et l'audace de la prêcher? On la comprend à l'échelle de Dieu et des anges, mais non à celle des humains. Alors, pourquoi cette légende? Pour nous contraindre à poser la question. Si Dieu exige la compassion, c'est qu'elle figure dans l'équation, et qu'elle doit y jouer un rôle. Et il nous incombe de prendre position – même si c'est pour dire : non, pas encore, peut-être plus tard.

Cette question est, aujourd'hui, d'actualité pour le monde entier, et aussi pour Israël et ses habitants. Face à la haine, quelle devrait être leur attitude? Qu'éprouvent-ils, que doivent-ils éprouver en face de Palestiniens qui les traitent d'occupants haïssables? Eh bien, j'ai vu Israël en guerre et je puis en témoigner : il n'y avait pas de haine à l'égard de ces soldats ennemis. Il y avait, naturellement, une volonté farouche et déterminée de vaincre, mais elle était sans haine.

A l'époque, je m'en souviens, j'eus des difficultés à comprendre le phénomène : il me paraissait illogique, irrationnel. Un ennemi qui veut votre mort, il faut le détester autant qu'il vous déteste; toute l'histoire militaire est là pour le prouver. Mais toute l'histoire juive est là pour nous rappeler *aussi* le contraire : le peuple juif n'a jamais fait appel à la haine, même lorsqu'il s'agissait, pour lui, de combattre pour sa survie.

Cela me ramène à la dernière fête que, avec les miens, j'ai célébrée chez moi, dans ma petite ville enfouie dans les Carpates.

Les Allemands se trouvaient déjà dans toute la région. Adolf Eichmann, à Budapest, préparait déjà la déportation, la liquidation de nos communautés. Nous ne le savions pas. Le front russe semblait proche; la nuit, nous entendions le tir des canons; nous voyions le ciel rougeoyant. Nous pensions : bientôt, nous serons libérés bientôt.

Les prières en commun étant interdites dans les synagogues, nous nous réunissions dans des maisons privées. D'habitude, le soir de Pessach, nous chantions dans l'allégresse et l'enthousiasme. Pas cette fois. Nous ne fîmes que murmurer.

Je me souviens, je me souviendrai toujours du Seder. Presque en silence, le front courbé, le cœur lourd, nous évoquions nos souvenirs anciens; nous n'osions pas nous demander si, maintenant encore, Dieu interviendrait dans l'Histoire pour nous sauver.

Ce soir-là, un visiteur étranger et étrange participait

à la cérémonie. Dans ma fantaisie, je le prenais pour le prophète Elie. Il se taisait et parlait comme un fou. Bouillonnant de colère, il nous faisait peur, tant ses histoires paraissaient cruelles, terrifiantes.

Maintenant je sais : il avait à cœur non de raconter le passé, mais de prédire l'avenir.

C'est à lui, à lui aussi maintenant que je pense, lorsque j'invite « quiconque a faim à venir partager notre repas ». Mais il ne viendra pas. Il ne reviendra pas.

Et les autres non plus.

## 2

# LA MÉMOIRE DES LIVRES

Dans *Society and Solitude*, Emerson écrivait, avec son habituelle simplicité :

*Songez à ce que vous trouvez dans la moindre bibliothèque bien composée. Les hommes les plus sages et les plus spirituels qui se puissent trouver dans l'ensemble des pays civilisés au long d'un millénaire ont déposé ici et soigneusement rangé les fruits de leurs connaissances et de leur sagesse. Ces hommes eux-mêmes étaient secrets et inaccessibles, solitaires, supportant mal qu'on les dérange, abrités par toute une étiquette; mais leur pensée, qu'ils n'auraient dévoilée pas même à leur ami le plus cher, est ici écrite en mots transparents pour nous, étrangers d'un autre âge...*

Cela est vrai. Mais qu'en est-il des livres écrits par les fous, par les habiles fabricateurs, par les écrivains assoiffés de gloire qui n'ont rien à dire – et qui disent?

C'est à leur propos que le roi Salomon déclarait dans *l'Ecclésiaste* que leurs œuvres seront l'ultime malédiction : « Multiplier les livres n'aura pas de fin... » Malé-

diction? Salomon était un sage, le plus sage de tous les
rois. Il savait. Il savait que viendra le temps où l'on
publiera plus de livres qu'on n'en peut écrire.

Si l'école est un temple, la bibliothèque en est le
sanctuaire. Dans une salle de classe, on enseigne, on
apprend, on discute; dans une bibliothèque, vous êtes
au calme. Vous lisez, seul; vous écoutez, seul. Et
soudain, vous découvrez que vous n'êtes pas seul, que
vous êtes en présence des maîtres et des disciples des
siècles passés; et vous plongez dans le silence. Dans une
bibliothèque, on est toujours silencieux – pas simplement pour ne pas déranger les voisins, mais parce que...
parce que l'on n'élève pas la voix dans un sanctuaire.
Face à Rabbi Akiba et à Rabbi Shimeon bar Yohaï,
dans la même pièce que l'Ari Hakadosh et Rabbi
Shnéour Zalman ben Baroukh de Ladi, on n'ose parler
qu'en chuchotant.

C'est pour cela que j'ai toujours éprouvé une si
intime dilection pour les bibliothèques. Ici, dans ces
murs, siège la paix. Les vieilles querelles s'estompent.
Maimonide ne redoute plus les flèches de David de
Posquières et de ses autres adversaires. Rabbanites et
Caraïtes vivent en harmonie, côte à côte. Le Gaon de
Vilna et le Maggid de Mézéritch voisinent paisible-
ment. Tous ces hommes qui écrivaient, qui enseignaient, qui pensaient, qui légiféraient, qui, durant leur
vie, se laissaient entraîner dans des controverses,
côtoient ici les idées des autres avec indulgence et
sérénité. A cause des livres? A cause du silence. Ici, les
mots ne sont pas ennemis du silence; bien au contraire,
mots et silence se complètent et s'enrichissent mutuellement. Est-ce vraiment possible? Dans notre tradition,
oui.

Lorsque la Torah fut donnée au Sinaï, dit Rabbi Abbahou au nom de Rabbi Yohanan, les oiseaux s'arrêtèrent de pépier et les bêtes de grogner, la mer de mugir et les vents de souffler : l'univers tout entier était dans le silence. Et, lorsque Dieu parla et dit : «*Anokhi*», les mots pénétrèrent dans le silence sans le rompre.

Beauté, glorieux enchantement des bibliothèques : entre leurs murs, tout est possible.

Mais au fait, une bibliothèque, n'est-ce pas qu'une pièce avec des rayonnages de livres? Au risque de décevoir certains, la réponse est : oui. N'importe quelle pièce avec des livres et des lecteurs, des étudiants, peut devenir une bibliothèque – tout comme n'importe quelle maison peut être lieu d'étude et de prière. Tel est bien l'enseignement que nous avons reçu de Rabbi Yohanan ben Zakkaï : en tout lieu où des Juifs se réunissent pour étudier la Torah, la *Shekhina* réside parmi eux. Érigé par l'homme pour Dieu, le Temple ne L'emprisonne pas; bien au contraire, le Temple Le libère et L'invite à se joindre à Sa création. Ainsi chaque maison devient sanctuaire, chaque table se transmue en autel, et chaque personne accomplit les fonctions du grand prêtre.

Ainsi, chaque chambre peut devenir bibliothèque; mais dès qu'elle a été bibliothèque, elle ne doit plus perdre cette éminente qualité pour devenir, pour redevenir, une pièce quelconque.

Dans une bibliothèque, il y a des coins secrets, des mots cachés. Quelques mots dans les marges d'une page. Des dates de naissance et de décès sur les pages de garde des livres de prières. Des larmes, invisibles mais bien là, versées en un autre temps par une grand-mère dont le cœur brisé brûlait de se faire entendre de Dieu – au moins de Dieu. Çà et là, vous rencontrerez un récit qui s'ouvre sur un autre récit, un nom qui recouvre une autre histoire.

Tenez, voici *la Vallée des pleurs*, de Rabbi Mordekaï Yosseph Hacohen, d'Avignon. A cause de cet ouvrage, Avignon tient une place toute spéciale dans l'histoire juive et dans la littérature. Les Juifs y vivaient en paix tandis qu'autour d'eux leurs frères étaient persécutés.

Je n'ai jamais vu mon grand-père sans un livre entre les mains. Parfois, quand il était fatigué, il somnolait pour une minute ou une petite heure, mais continuait, dans son demi-sommeil, à psalmodier le passage qu'il était en train d'étudier.

Mon père avait des livres dans son épicerie. Tout en attendant les clients, il ouvrait un livre, lisait – et souriait. Jamais je n'oublierai ce sourire.

Ils n'étaient pas les seuls à vivre avec cette passion pour les livres. La plupart des Juifs de ma ville, et des autres villes, avaient la même passion. L'oisiveté était le plus grand des péchés. Tu n'as rien à faire? – et c'était une réprimande courante d'un père à son fils – prends donc un livre, un de ces livres, là. Vous avez fait trop tôt votre prière de *Min'ha* et il reste un bout de temps avant la prière de *Ma'ariv*? Prenez un livre. Vous avez mal à la tête? Le Talmud vous propose le meilleur et le moins coûteux des remèdes : *he'hash berosho ya'çok bethora*, étudie et tu te sentiras mieux. Tu ne peux pas étudier? Tu es incapable de rien comprendre au Talmud et au Zohar? – étudie le *'houmash*, le Pentateuque, et les plus accessibles de ses commentateurs. Lis le *Or ha'hayim* de Rabbi 'Haym ben Attar, l'ami du Besht qui vivait à Jérusalem et espérait qu'il viendrait l'y rejoindre; si jamais ils s'étaient rencontrés, dit une légende hassidique, le Messie serait apparu pour sauver son peuple, et tous les autres peuples. Tu es incapable d'étudier la Bible? Récite les psaumes. Il n'y avait pas un seul Juif dans le *shtetl* qui ne possédât pas un livre de prières avec les psaumes.

Enfant, je dépensais le peu d'argent qu'on me donnait à acheter des livres. Je me souviens de plusieurs libraires : Rabbi Avigdor Grynwald, Reb Shlomo Weiss... J'achetais plus de livres que je ne pouvais me le permettre, mais l'on me faisait crédit – pas toujours à bon escient. Bien des livres sont restés impayés, mais ce ne fut pas ma faute – un certain « événement » survint et nos vies furent interrompues. Quand je fus emmené vers un lointain royaume, j'emportai dans mon havresac plus de livres que de nourriture.

Lorsque, bien des années plus tard, je suis revenu dans ma ville natale, j'ai retrouvé quelques-uns de mes chers volumes gisant dans la poussière parmi des milliers et des milliers de volumes, dans cette Maison d'étude et de prière où j'avais passé tant de jours et tant de nuits à étudier et à prier, et à attendre la venue du Messie.

Puis-je faire une suggestion? Que les universités et autres institutions vouées à la recherche et au savoir rachètent, rédiment ces livres et tous ceux, innombrables, qui attendent dans toutes les anciennes bourgades juives, et dans toutes les villes et dans tous les villages

où habitaient des Juifs. Envoyez vos étudiants pour
qu'ils les retrouvent, les rassemblent, les débarrassent
de leur poussière, et les restaurent au sein d'Israël et du
peuple juif, à la disposition de l'élève juif à qui ils
appartiennent. Cela rendrait service à vos étudiants,
car ils apprendraient de première main ce que fut le
judaïsme d'Europe de l'Est, ce que fut sa gloire et
quelle fut sa tragédie. Et cela rendrait service aux
livres.

Dans ma seule ville natale, vos étudiants découvri-
raient assez de livres pour emplir dix bibliothèques.

Ils liront, et la lecture leur sera une aventure
nouvelle, une source d'inspiration et d'émerveillement.
Et une épreuve aussi. Nous ne savions jamais ce qui
nous attendait à la ligne suivante, à la prochaine page :
une autre catastrophe? un autre avertissement? un
autre miracle? En lisant, nous ouvrions des portes,
nous retournions aux temps anciens et en rapportions
d'antiques expériences.

Mes maîtres m'enseignaient à interroger le texte. A
le décrypter. A le scruter sous tous les angles, à en
démasquer tous les aspects et à plonger jusqu'à la
moelle, jusqu'au sens profond – mais pas d'un seul
bond : il fallait d'abord apprendre à pénétrer toutes les
structures superposées. C'est pourquoi ma mère, quand
je rentrais à la maison, ne me demandait pas si j'avais
fait quelque découverte intéressante, mais si j'avais
trouvé une bonne question à poser.

La tradition juive de l'étude *est* l'étude même, Adam
fit choix de la connaissance en face de l'immortalité. Si
Abraham est notre patriarche et non pas Noé, c'est
parce qu'Abraham partagea sa connaissance avec les
autres, et que Noé ne le fit pas. Quand Jacob sentit la

mort venir, il bénit ses enfants, et ses bénédictions sont des enseignements. Moïse aurait pu garder la Loi pour lui tout seul, mais ne le fit pas; voilà sa grandeur. *Kitvou eth hashira hazoth* : tout Juif est tenu d'écrire chacun des mots du chant de la Torah, et ainsi, de la transmettre. En hébreu, la tradition est dite *massora*, d'une racine qui signifie : transmettre, car c'est par la transmission qu'elle est tenue vivante et se justifie.

Le commandement le plus pressant? *Veshinantam levanèkha*, « tu le répéteras à ton fils » : un père doit assurer l'éducation de ses enfants – lui-même, et ne pas s'en remettre seulement à des enseignants.

Je me souviens du premier jour où j'allai au *'hëdèr*, l'école primaire juive; je me souviens de ma première leçon dans le *'houmash*, le Pentateuque, et des premiè-res difficultés que j'eus à surmonter en abordant le Talmud. Je me souviens de la voix de mon premier maître qui m'enseigna l'alphabet; je me souviens de sa tristesse lorsque je trébuchais dans ma lecture. Je me souviens du maître qui m'ouvrit les portes du Talmud et me fit pénétrer le sanctuaire du Zohar. Pourquoi Dieu usa-t-Il de morts comme outils pour Sa création? Parce qu'ils contiennent la création tout entière. Ils peuvent aussi détruire toute la création. Et la rédi-mer.

Commentaires sur la Bible; commentaires sur les commentaires; récits hassidiques merveilleux et trou-blants... Je me rappelle où j'étais assis, ce que je faisais, ce que j'éprouvais lorsque je les découvrais. Je me rappelle aussi ma première rencontre – prématurée – avec les apocryphes et la connaissance interdite.

Un Shabbat après-midi, à la Maison d'étude, je dénichai un livre que quelqu'un avait dû mettre sur un

rayonnage tout en haut. Je l'ouvris. C'était un recueil
de commentaires par un certain Reb Moshé Dessauer
plus connu sous le nom de Moïse Mendelssohn. Un
vieux hassid me demanda : « Qu'est-ce que tu lis ? » Et
il regarda la page de titre; il m'arracha le livre des
mains et me flanqua une gifle qui me brûle encore
aujourd'hui.

Je ne comprenais pas : quel mal y avait-il à lire un
commentaire sur la Bible, d'autant que l'auteur était
un Juif orthodoxe. Il y avait beaucoup de choses que je
ne comprenais pas. En fait, au fil des ans croissait le
nombre des choses que je ne comprenais pas – et cela
continue à croître.

L'étude est partie intégrante du judaïsme; le
judaïsme est étude. C'est un commandement que tout
le monde doit accomplir – y compris Dieu. Le Talmud
et le Zohar sont pleins d'histoires où l'on voit le Saint
béni-soit-Il enseignant, quelque part dans les cieux, à
Ses disciples. Les *tzaddikim*, les Justes. Le paradis?
C'est une vaste *yeshiva*. Que pourrait-il être d'autre?
Dans notre imagination collective, la *yeshiva*, l'école
talmudique, l'académie rabbinique, résume toutes les
saintes ambitions et les aspirations les plus hautes.
Quand un vénérable personnage biblique, ou talmudique, disparaît nous ne savons où, nous l'imaginons dans
une *yeshiva*. Lorsque Abraham repartit seul du mont
Moria, où donc s'en alla Isaac? Dans une *yeshiva*. Ce
qui pouvait arriver de mieux à un garçon, c'était de
trouver une bonne *yeshiva*, de devenir l'élève d'un bon
maître, et d'étudier une bonne page du Talmud. La

Torah, ce n'est pas seulement les *mitzwoth*, les prescriptions, lois et ordonnances; c'est aussi l'étude des *mitzwoth*. La Torah est étude. La Torah d'Israël n'est pas la religion d'Israël, mais l'étude et l'enseignement d'Israël. De là vient la passion du Juif pour la Torah – et même la passion physique : voyez la façon dont il tient la Torah, l'embrasse, s'y agrippe. Pure passion; passion pure.

Pendant et après chaque catastrophe, les Juifs voulaient en savoir la signification, et les implications, et les intentions; ils voulaient en connaître les racines et la place dans l'histoire – dans l'histoire des hommes ou dans la vision divine de la Création. A chaque désastre succédait un rejaillissement de l'étude, de la prière, de la quête mystique, de la méditation, de l'effort spirituel. La lecture de la Torah fut instituée par Ezra et Néhémie après la première destruction du Temple, après que l'exil de Babylone fut devenu réalité. Le Talmud fut précédé par la seconde destruction du Temple. Les croisades et leurs excès entraînèrent chez nous des tentatives messianiques, comme le firent à des niveaux différents et sous d'autres aspects, les pogroms. La douleur collective donnait naissance à des œuvres poétiques ou philosophiques, à la contemplation. Pourquoi cela? Parce que nous éprouvions le besoin de comprendre. De traduire notre expérience en connaissance – et ensuite, et alors seulement, de vêtir notre connaissance d'expérience. *Lama yomrou hagoyim*, « pourquoi disent les nations...? », la plaintive question du psalmiste, nous la posions à Dieu aussi bien qu'à nous-mêmes. Pourquoi, pourquoi cette singularité qui est la nôtre, toujours et en toute chose? Pourquoi sommes-nous plongés dans une condition telle que les

nations puissent nous railler et dire : « Où donc est
votre Dieu ? » A toutes ces questions, on a bien souvent
tenté de répondre. Tenté. La plupart des réponses
religieuses en appellent à l'antique notion de faute et
punition : nous souffrons parce que nous avons péché. Il
y avait – il y a – quelque logique dans nos tribulations.
*Oumipney 'hataënou galynou mëartzënou* : pourquoi
avons-nous été envoyés en exil ? Parce que nous avons
péché. Mais... si nous avons péché, nous devrions avoir
honte ; or, nous nous exaltions de la punition même.
Dieu ne punit que ceux qu'Il aime, nous avait-on
appris. Il doit nous avoir aimés vraiment beaucoup. Et
c'est à bon droit que nous éprouvions de la fierté. Non
pas d'avoir souffert, mais d'avoir ressenti le besoin
d'explorer l'histoire de cette souffrance, et d'avoir eu la
force nécessaire à cette exploration. Et d'être parvenus
à comprendre cette souffrance, et par là, à la désamor-
cer et même à la dominer. D'avoir eu l'obsession de
consigner cette histoire. Dans des livres.

Quand je voyage, j'ai toujours peur de manquer de
livres. La moitié de mes bagages, ce sont des choses à
lire. L'autre moitié, ce qui m'est nécessaire pour écrire.

L'enfer, c'est d'abord un lieu vide de livres. Sans un
seul livre. Que serait la vie sans le pouvoir qu'ont les
livres d'éveiller notre fantaisie, de métamorphoser les
choses rien qu'en révélant leur nom secret ?

Hitler et Staline savaient l'importance des livres
pour le Juif. C'est pourquoi l'un les brûla en Allemagne
et l'autre les fit disparaître en Russie. La police de
Staline prit soin de briser les caractères hébraïques
dans les imprimeries juives de Moscou, de Kiev,
d'Odessa. Sa haine pathologique se déchaînait sur la
foi juive et, tout autant, sur la culture juive. L'alphabet

hébraïque, l'alphabet du yiddish l'irritaient, éveillaient
sa fureur, lui étaient un défi; c'est pourquoi il con-
damna à mort ces signes typographiques, ces vieilles
lettres carrées. Mais sur ce point, il ne réussit pas.
Comme Rabbi Hananya ben Teradyon, nous pouvons
témoigner et dire : *Gvilin nisrafin* – oui, les parchemins
peuvent brûler, mais pas les lettres, pas l'esprit, pas la
vision, pas l'âme d'un peuple lié, voué aux valeurs
éternelles, à l'éternité.

Et cependant, on sent parfois chez certains maîtres
quelque réticence à écrire des livres. Ari « le saint » n'a
jamais rien écrit; ni le Besht; Rabbi Nahman donna
l'ordre à son fidèle scribe Rabbi Nathan de brûler ses
écrits, et de les renvoyer au ciel. Rabbi Bounam de
Pschiskhe rédigeait une œuvre intitulée *le Livre de
l'homme*; elle devait contenir tout ce qui concerne la
vie et l'homme, l'histoire et la foi, le passé et le futur.
Projet d'autant plus grandiose et stupéfiant que l'auteur voulait que son œuvre tînt toute en une seule page.
Chaque jour, il rédigeait cette page, et chaque soir la
livrait au feu.

Quant à l'illustre et solitaire visionnaire de Kotzk, il
expliqua, un jour, pourquoi il se refusait à écrire des
livres. Qui donc les lirait? Quelques villageois. Et
quand donc aurait-il le temps de les lire? Certes pas
durant la semaine. Le Shabbat, donc. Au soir? Eh non,
il est trop fatigué. Le matin alors. C'est cela, oui, après
les offices du matin. Après le repas sabbatique. Il
prendrait le livre – mon livre – et s'étendrait sur le
divan, enfin prêt, et désireux de voir ce que j'ai à dire
sur la Torah et le Talmud. Et alors – il est tellement
fatigué que ses yeux se ferment dès la première page;
le voilà qui sommeille et qui rêve à tout autre chose.

Et son livre – mon livre – tombe sur le plancher.

Tant de livres qui n'ont pas été écrits! Mais notre histoire se transmet aussi par d'autres voies. Nos chants liturgiques nous apprennent parfois davantage sur la vie et les mœurs, sur les malheurs et les espérances des communautés juives que bien des volumes soigneusement documentés. Dans les recueils de *teshouvoth*, ces « responsa » que de génération en génération les rabbins envoient aux questions les plus variées que leur adressaient les fidèles, nous en découvrons plus sur les problèmes que se posaient les Juifs à travers les siècles et les lieux, que dans bien des documents d'archives. L'histoire juive se déchiffre aussi sur les inscriptions funéraires. Et même sur les murs des prisons. Certains chapitres en ont été écrits, comme la Torah, en lettres de feu sur du feu. *Shevet Yehouda, Emek habakha, Yaven Metzoula* – lisez n'en fût-ce que quelques pages, et votre sommeil sera hanté par leur désespoir calme, et par leur détermination à surmonter le désespoir. Sur des temps plus récents, lisez les chroniques des ghettos et des camps de la mort; lisez les documents écrits par les *Sonderkommando* – et votre vie en sera bouleversée.

C'est toujours avec un sentiment de nostalgie, avec remords presque, que l'on quitte une bibliothèque, ce lieu de méditation et de mémoire. On en part plus riche, et l'on voudrait ne pas en partir.

Mais à vrai dire, vous ne quittez jamais vraiment une bibliothèque. Si vous faites ce qu'elle vous demande, vous en emportez quelque chose.

Car une bibliothèque n'est pas un lieu à visiter, en passant. C'est un lieu où il faut retourner. Encore. Et encore.

# JOUER AUX ÉCHECS

A quel âge ai-je commencé à jouer aux échecs? Je devais avoir huit ou dix ans. Nous étions en vacances, dans les montagnes. Nous passions les journées à nous promener, les soirées à chanter autour des feux de camp. J'essaye de me souvenir combien nous étions. Une vingtaine de familles. Plus? Moins? Quand il s'agit de chiffres, de dates, ma mémoire devient imprécise. Je me rappelle les visages et leurs expressions, les paroles et leurs réverbérations, c'est le contexte qui me paraît flou.

Je me rappelle deux hommes – des *hassidim* – qui ne participaient jamais à nos activités. A peine avaient-ils fini de réciter leurs prières que déjà ils s'installaient devant leur petite table habituelle pour continuer leur jeu. Il leur arrivait parfois de s'absenter des repas pris en commun dans une énorme salle à manger. Lorsqu'ils jouaient, ils pouvaient se passer de tout.

Ce qui en eux m'intriguait c'était leur pouvoir de concentration. Jusqu'alors je pensais que ce pouvoir était utile sinon indispensable pour la prière ou l'étude. Ainsi, en chantant le service de Yom Kippour ou en psalmodiant une page du Talmud, je m'éloignais du

présent et de ses tentations : je vivais en Dieu, pour
Dieu qui, seul, vivait en moi. Lui exigeait un attachement absolu et le méritait.

Or, ces deux *hassidim* se concentraient de la même
manière – pratiquaient la même ascèse – en poussant
des petits morceaux de bois blancs ou noirs sur
l'échiquier poussiéreux A force de les observer, je
m'attachais à eux. Je me promenais moins pour rester
avec eux. Je ne comprenais rien au jeu, mais je
cherchais à comprendre les joueurs.

Heureusement, ils s'absentaient du jeu le samedi : il
est interdit aux Juifs pieux de faire quoi que ce soit en
dehors de ce qui a trait à la sainteté du septième jour.
Un Shabbat, après le repas de midi j'aperçus le plus
jeune des deux, Avrémele Gold, dans le bois. Il semblait
préoccupé. Je le saluai, mais il ne me répondit point.
Soudain il sentit ma présence : « Ah, c'est toi? fit-il en
souriant. Tu crois que je suis fou, pas vrai? Autrement
pourquoi me parlerais-je à moi-même? » Je ne dis rien,
j'attendis la suite. « En vérité, dit-il, je suis en train de
me demander si je devrais aller de F-1 à F-5, ou
plutôt... » Son regard s'arrêta sur mon visage : « Tu
joues aux échecs? – Non, malheureusement. – Tu veux
apprendre? » Je dis oui. Depuis, je devins comme lui et
son ami : en dépit des protestations de ma mère, je
restais des heures durant à suivre la progression des
pièces blanches et noires sur le champ de bataille.
Parfois, Avrémele m'expliquait pourquoi il avait décidé
de lancer son fou contre la reine au lieu de menacer le
cheval en avançant le pion. Et pourquoi il ouvrait son
flanc droit, alors que...

J'écoutais, j'absorbais chaque explication; je découvrais en moi une passion inconnue. Mon père, qui

venait passer les fins de semaine avec nous, ne me cachait guère son inquiétude : « Et si tes études vont en souffrir ? » Avrémele le rassura : « Ce jeu est bon pour l'esprit ; il aiguise l'intelligence. »

Plus tard, je racontai mon secret à mon Rabbi : je ne consacrais plus tout mon temps à Dieu ; je volais quelques heures par-ci, quelques heures par-là pour jouer aux échecs. Je m'attendis à une réprimande ; à mon grand étonnement le Rabbi se mit à sourire : « Un *hassid*, dit-il, peut et doit tirer des leçons de toutes choses. Même du jeu d'échecs. Regarde le joueur : il ne pense à rien d'autre. Fais comme lui en approfondissant la Torah. Et puis : le joueur réfléchit longuement avant de faire un pas en avant ; fais comme lui avant d'agir. Et aussi : le joueur ne doit jamais oublier l'homme qui lui fait face ; il n'est pas seul sur l'échiquier. Toi non plus, tu n'es pas seul dans le monde. »

Plus tard, en ville, je revoyais Avrémele ; il jouait avec moi et me permettait de gagner une ou deux parties par semaine : pour me donner le goût de la victoire.

Il avait l'âge de mon père. Joaillier, il avait un échiquier dans son magasin. Il accueillait les clients qui entraient d'un air maussade : ils le dérangeaient.

« J'ai appris, me dit-il un jour, que tu as raconté ta nouvelle passion à ton Rabbi. — C'est vrai, répondis-je. Le Rabbi doit tout savoir, sinon il ne serait pas mon Rabbi. — Et il ne t'a pas découragé ? — Non. — Dommage qu'il ne soit pas le mien aussi. »

Un *hassid* ne change pas de Maître à la légère. La loyauté fait partie des principes de base du mouvement hassidique. N'empêche que mon ami Avrémele quitta son Rabbi pour le mien.

« Quand-même, dit-il avec un sourire espiègle, un Rabbi hassidique qui apprécie les échecs, c'est quelqu'un de bien... »

Était-ce notre influence? Le Rabbi surprit ses disciples en démontrant une familiarité profonde avec notre passion commune :

« Jeu admirable, dit le Rabbi en fermant les yeux. Chaque camp croit que son roi est plus important du monde; tous ses sujets et officiers se sacrifient pour le sauver. Par contre, si le roi tombe, le reste ne compte plus... Que ferions-nous, pauvres mortels, si nous n'avions pas foi en notre Roi immortel? »

Une autre fois, il s'attarda longuement sur les pions :

« Ils ne peuvent qu'avancer, toujours; ils savent qu'ils se battent pour le Roi et pourtant ils ne l'ont jamais vu... »

Avec les années je devenais bon joueur. Avrémele ne me battait plus si aisément. En villégiature, pendant les vacances d'été, je m'amusais à résoudre des problèmes compliqués. Dans le ghetto, plus tard, pour ne pas penser à la menace qui se précisait de jour en jour, les joueurs d'échecs faisaient bande à part. Les écoles et les magasins et les lieux de prières étaient fermés : désœuvrés, des commerçants et des étudiants se réunissaient çà et là pour amorcer des parties sans fin.

Je jouais aux échecs même dans le camp. Souvent par cœur. C'était facile. Je me revoyais chez moi, sur le porche, avec Avrémele; penchés sur l'échiquier, abîmés dans nos réflexions, nous ne nous doutions pas que l'ennemi nous guettait; et qu'il ne jouait pas. Pour lui, ce n'était pas un jeu. Je me souviens d'un rêve : le monde entier était un échiquier; les pièces noires

faisaient des ravages; je versais des larmes chaudes. Je
suppliais le Roi blanc d'agir avant qu'il ne fût trop
tard...

Dans le Paris d'après guerre je fréquentais un café
où les clients jouaient aux échecs. Il y avait là une
vieille femme qui m'agaçait : elle était toujours là à me
donner des conseils. Je lui proposai une partie; elle
accepta. Pour me consoler de ma défaite humiliante,
elle me révéla son nom : elle était la veuve d'un grand
champion russe.

Et maintenant? Je joue encore. Maintenant je joue
avec mon fils.

Quand il me bat, je lui souris.

# LA MORT DE MA MÈRE

Ma mère, ma pauvre mère. Je ne l'ai pas vue mourir, je n'ose pas l'imaginer morte. Est-ce la raison pour laquelle je l'évoque si rarement? Elle vit dans mon regard.

Je la revois constamment, non sans angoisse, telle que je l'ai vue lors de notre dernière heure passée ensemble : silencieuse, grave, lucide, un peu effrayée mais sans le montrer. Ses yeux nous enveloppaient tous comme pour nous protéger : je ne les voyais pas, je les sentais seulement. Il faisait noir dans le wagon qui roulait, roulait lentement, inexorablement, vers la cité de feu nommée Birkenau.

Ma mère savait, j'en demeure persuadé. Elle devait savoir que pour nous l'heure de la séparation, de la rupture, allait arriver. Intuitive, aux aguets, elle devait pressentir l'événement. J'entends encore ses dernières paroles : « Si l'on nous sépare, nous nous retrouverons chez nous. » Je ne sais plus si elle a hurlé ou murmuré. Je me souviens seulement que l'instant d'après, la porte du wagon fut ouverte avec fracas. Et, sous une pluie de vociférations, d'aboiements et de coups de matraques, nous nous précipitâ-

mes dans l'univers aliéné où la mort était un produit
d'usine.

Maintenant encore, en y songeant, j'éprouve un
étonnement proche de la stupéfaction : comment est-il
possible que, basculant en un clin d'œil dans l'horreur
nue et réglée, nous ne soyons pas tombés en même
temps dans la démence?

Où avons-nous puisé le courage, la force mentale,
d'enchaîner tout de suite, de nous intégrer aussitôt
après dans la routine quotidienne de la « vie » conti-
nuée? Normalement, nous aurions dû cesser d'être
normaux.

Dans l'espace d'une nuit, nous avions subi une
métamorphose à l'échelle de l'absolu : les riches avaient
perdu leurs trésors, et les savants leur science; nous
semblions appartenir, d'un coup, à une nouvelle espèce
humaine. Sans nom ni âge, nous nous ressemblions
tous, nous apprenions vite à nous exprimer par les
mêmes gestes primitifs, à craindre les mêmes signes, à
répéter les mêmes mots et à oublier idées, concepts,
souvenirs devenus fardeaux inutiles et encombrants.
Nous avions appris tout cela en une nuit, en une heure
– et nous n'avions pas perdu la raison? Ces hommes qui
se sont retrouvés veufs, ces enfants qui se sont réveillés
orphelins, ces êtres qui respiraient la cendre à l'ombre
des flammes – comment ont-ils donc fait pour ne pas
fermer les yeux et mourir?

Comme de loin, de très loin, je vis ma mère qui
s'éloignait, portée par la marée grise et rouge et noire,
veillant – j'en étais convaincu – sur ma petite sœur,

puis sur ses autres enfants, et sur sa belle-mère, ma
grand-mère paternelle, qui, femme pieuse et combien
perspicace, avait revêtu son linceul funéraire : comment ai-je fait, moi, pour ne pas leur courir après, pour
ne pas pousser des hurlements, pour ne pas implorer
Dieu de me rendre aveugle, comment ai-je fait pour
obéir, avancer, m'arrêter, avancer encore, vivre, oui,
vivre encore?

Ma mère... Ma pauvre mère. Pudeur ou lâcheté?
Peur d'éclater en larmes? Peur de ne pouvoir les
arrêter? Je n'ai évoqué son image qu'une fois. Dans un
de mes romans, vivant un moment exceptionnel, devant
le mur de Jérusalem, le personnage songe à sa mère – à
ma mère. « Elle avait deux visages, se rappelle-t-il :
celui de tous les jours, et l'autre : celui du Shabbat. »
En effet, la mienne avait deux visages; et maintenant,
depuis sa disparition, elle n'en a qu'un, et il est lointain,
impénétrable.

Cadette de six enfants, ma mère avait été choyée par
ses frères et sœurs. Devenue orpheline très tôt –
j'ignore à quel âge, elle n'en parlait jamais – elle avait
été élevée dans une ambiance de nostalgie dont elle
n'arrivait point à se détacher. Souvent, je la surprenais
rêveuse. Dès qu'elle se sentait observée, elle se secouait
d'un mouvement brusque et énergique.

Dire qu'elle était belle? Tous les enfants le disent de
leur mère. Et sans doute ont-ils raison.

De taille moyenne, élancée, élégante, sérieuse, rieu-
se, curieuse, elle avait une démarche qui attirait le
regard. Cherchait-elle à plaire, à séduire? Peut-être.

Encore qu'elle craignît Dieu et observât scrupuleusement les lois juives. Elle portait une perruque, tenait
une cuisine strictement kasher, allumait les bougies
aux heures prévues, disait ses prières, s'occupait de son
foyer et – chose frappante dans notre société – s'intéressait à la littérature moderne. Dans la ville on disait
d'elle : « C'est une femme cultivée », de même qu'on
disait de mon père : « C'est un homme intelligent. »
    Poèmes hongrois, romans allemands, classiques fran-
çais : le soir, après fermeture (nous avions une épicerie), ou le samedi après-midi, elle s'enfonçait dans la
lecture comme dans un bain chaud; avec un plaisir
voluptueux visible.
    Comme son propre père, Reb Dodye Feig, elle se
considérait comme une adepte du Rabbi de Wizhnitz;
elle m'emmenait souvent auprès de lui pour solliciter sa
bénédiction. Privilège rare, elle écrivait elle-même les
suppliques qu'elle tendait au Rabbi, au lieu de les faire
écrire par le secrétaire, le *gabbe*. On la connaissait bien
à la cour de Wizhnitz. Elle était fière de sa popularité
dans ce monde qu'elle aimait.
    Pendant qu'elle s'affairait dans sa cuisine, elle chan-
tonnait des airs qu'elle avait ramenés de la cour; et
moi, je chantais avec elle. Mes souvenirs les plus
heureux? Le vendredi soir, à table, quand nos chants
s'élevaient et s'envolaient tels des messagers; quand
toute la famille, enrichie par la présence de mon
grand-père, chantait avec ferveur, chantait la ferveur.
Pas seulement la famille : la rue; et pas seulement la
rue : la ville, toutes les villes juives, tous les villages
juifs, toutes les demeures juives entre les Carpates et le
Dniepr étaient emportés par le chant.
    A peine le Shabbat achevé, mes parents se remet-

taient au travail. Il fallait servir les clients pauvres (la plupart de nos clients étaient pauvres) qui avaient besoin d'un peu de farine, d'huile, de sucre.

Enfant, je pensais appartenir à une famille aisée, à l'abri des soucis. Ce n'est qu'après la guerre, beaucoup plus tard, que j'ai découvert la vérité : mes parents n'étaient pas beaucoup plus riches que nos clients pauvres. Ils travaillaient dur, seize heures par jour, souvent aidés par nous, les enfants. Endettés, accablés, ils étaient continuellement exposés aux brimades et au chantage du gendarme, du contrôleur du fisc : à combien de perquisitions nocturnes ai-je assisté, moi, dans mon enfance !...

Un changement radical s'opérait le vendredi après-midi, au moment où nous nous déclarions prêts à accueillir la Reine du Shabbat. Notre modeste demeure alors se transformait en palais. Nous devenions des princes. Grâce au Shabbat ? Oui, mais aussi, surtout, grâce à ma mère ; c'est elle qui conférait au Shabbat sa splendeur et sa sérénité.

Les dernières années de sa vie, alors que la guerre s'approchait de nos frontières, ma mère s'était découvert des sympathies communistes. Oh, je sais : cela semble impossible... Personne ne pouvait être à la fois hassidique et communisant... Et pourtant, je me souviens qu'elle discutait politique le samedi après-midi avec un voisin. Ce même voisin allait être appréhendé, torturé, emprisonné, condamné pour ses activités subversives. Elle nous expliquait d'un ton appuyé : « C'est un communiste. » Nous voulions en savoir davantage.

Alors, elle ajoutait : « Imaginez une société juste et libre, des peuples qui ne s'entre-tuent pas, des foules qui ne s'amusent pas à massacrer des Juifs, voilà, c'est une société communiste. » Je m'écriais : « Mais c'est comme le temps messianique! » Elle répondait par un simple sourire.

Le soir, avant de nous coucher, nous écoutions Radio-Londres et Radio-Moscou. Leurs émissions hongroises nous apportaient encouragement et espoir. Ma mère, à cause de notre voisin emprisonné, préférait les nouvelles de Moscou.

Elle aimait les victimes, ma mère. Les spoliés, les damnés, les déshérités : leur sort la touchait. Elle nourrissait une compassion particulière pour les mendiants. « Nul ne doit quitter notre maison les mains vides », nous répétait-elle sans cesse. Pour les repas du Shabbat, il y avait toujours un étranger à table, sinon elle se sentait en faute.

Je n'oublierai jamais ce samedi de 1941 où l'armée hongroise avait déporté les Juifs « apatrides » de notre région vers la Galicie occupée. Dirigeant l'opération de secours de notre quartier, ma mère était partout à la fois, ramassant fruits et gâteaux secs, vêtements et casseroles, médicaments et argent. Elle ne pouvait pas prévoir que, trois ans plus tard, nous nous trouverions à la même gare, dans des wagons similaires, en route vers des lieux dont on ne revient pas.

Ce samedi-là, nous l'avons passé à la gare; nous, les enfants, remplissions le rôle de porteurs. Nous aidions les déportés avec leurs valises, leurs sacs, leurs besaces.

Certains souffraient de la soif, nous leur cherchions de l'eau. Les vieillards marchaient en titubant; lorsqu'ils tombaient, nous les aidions à se relever. Ce samedi-là les synagogues étaient vides. Ce samedi-là, disait mère, une tâche plus urgente nous réclamait.

De retour chez nous, attendant la tombée de la nuit pour réciter la *Havdalah* – prière émouvante sur la séparation de la lumière et des ténèbres – ma mère nous demanda de rester ensemble; elle souhaitait nous parler : « Avez-vous vu les hommes courbés? » Oui, nous les avions vus. « Et les femmes en sanglots? » Oui, elles nous avaient bouleversés. « Et les enfants apeurés? Et les visages dans les lucarnes? Et les cris d'adieu? Et le sifflement du train, l'avez-vous entendu? » Oui, répondîmes-nous, oui. Ma mère retint son souffle un long moment et enchaîna d'une voix rauque : « Eh bien, il s'agit désormais de ne rien oublier. »

Hiver 1944. Ma mère m'emmène passer le Shabbat dans la ville de Nagyvàrad. A la cour de notre Rabbi. Célébration à nulle autre pareille : c'est comme si nous sentions la catastrophe proche, si proche. Chants à n'en plus finir, extase collective, danses frénétiques, visages allumés : ce Shabbat restera dans ma mémoire. Je suis heureux. Heureux d'être avec ma mère. Heureux de fondre dans la foule. Heureux d'être hassid.

Le samedi, après le dernier repas, nous sommes introduits auprès du Rabbi qui nous accueille avec la chaleur et la grâce réservées aux élus. « Ah, dit-il, Sarah fille de David, te voilà! Qu'as-tu donc écrit dans ta supplique? » Il la parcourt très vite et plonge son

regard dans le mien; j'ignore ce que ma mère a écrit à
mon sujet...

Cela me ramène à une autre supplique, une autre
visite...

J'anticipe, j'ouvre des parenthèses. Nous sommes
début 1960. J'habite New York. Un cousin lointain,
médecin, m'appelle et me demande de venir d'urgence
à son hôpital : « Tu te souviens d'Anshel ? Il est
gravement malade; je dois l'opérer, mais il refuse; il
tient à te voir avant de consentir à l'intervention. » Je
saute dans un taxi, j'arrive essoufflé. Le médecin me
conduit à la salle d'opération. Anshel semble délirer :
« Ah, tu es là ? Très bien, très bien. Je n'ai plus peur. Tu
vas me donner ta bénédiction. – Tu es fou ? dis-je. Ma
bénédiction, et puis quoi encore ? Tes relations là-haut
sont sûrement meilleures que les miennes. – Si tu
refuses, je ne me laisse pas opérer. » Il semble déter-
miné; moi, cette histoire m'agace. Anshel, je le connais
depuis mon enfance; mes parents l'aimaient bien.
Pense-t-il avoir des droits sur moi ? Le médecin me
pousse du coude : « Vas-y, donne-lui cette bénédiction...
chaque minute compte ! »

Bon, je murmure quelques mots inaudibles; je sors,
cédant la place au chirurgien, grâce à qui Anshel se
rétablira au bout d'une semaine. Quelques jours plus
tard, revenu lui rendre visite et le trouvant de bonne
humeur, je le taquine : « Qu'est-ce qui t'a pris ? Avoue
que tu ne savais pas ce que tu disais... » Anshel se met
alors à sourire et dit : « Peut-être te souviens-tu de la
dernière fois où le Rabbi de Wizhnitz a rendu visite à

notre petite ville? » Je sursaute : « Si je m'en souviens?
Bien sûr que je m'en souviens! »

C'était, je crois, en 1936. Ma mère m'avait pris par
la main et m'avait poussé dans la chambre où le vieux
Maître, face rayonnante et yeux inondés de bonté, était
assis dans un fauteuil trop grand pour lui. Il nous avait
interrogés sur la santé de mon grand-père, sur la
situation de mon père, sur mes études. Intimidé, j'avais
répondu maladroitement. Puis, le Rabbi avait demandé
à ma mère de sortir; il désirait rester seul avec moi. Je
ne sais pas de quoi nous avons parlé. Je me souviens
seulement du sourire du Rabbi. Et je me souviens aussi
d'autre chose : il me pria de sortir et de lui renvoyer ma
mère. Celle-ci sortit peu après, secouée de sanglots.
Pris de peur, je lui demandai : « Pourquoi pleures-tu?
qu'est-ce que j'ai fait? » Elle refusa de me répondre.
Des semaines et des semaines durant, elle resta silencieuse. « Si je me souviens de la visite du Rabbi? dis-je
donc à Anshel. C'est comme si c'était hier. Je vois
encore ma mère qui pleure, pleure. Et je n'avais jamais
su pourquoi elle avait pleuré. – Eh bien, remarque alors
Anshel, j'ai un cadeau pour toi; je sais, moi, pourquoi. »
J'ai envie de me jeter sur lui : « Toi, tu sais? » Oui, il
sait. Et il m'explique : « J'étais dans l'antichambre, j'ai
vu ta mère qui pleurait, alors je l'ai raccompagnée; et,
en grand secret, elle m'a répété ce que le Rabbi lui
avait dit : « Sarah, avait-il dit, ton fils sera quelqu'un
dont tu seras fière, et moi aussi; mais ni toi ni moi ne
serons là pour le voir, c'est pourquoi je te le dis
maintenant... » Et Anshel de conclure, triomphant : « Si
le Rabbi pensait cela de toi, il me fallait ta bénédiction... » Anshel triomphe, et moi je pleure.

Le Rabbi mourut cette même année – et ma mère...
Quand ma mère mourut-elle? Je la vois entrer dans la
nuit, je la vois qui donne son visage à la nuit, je la vois
se noyer dans la nuit. Et ma gorge se serre. Je ne dirai
pas ce que j'éprouve en songeant à son départ.

Je sais, en détail, le chemin qu'elle a dû parcourir.
Mille fois, en pensée, je m'efforce de la rattraper : n'y
va pas, n'y va pas, pas sans moi! Mais elle m'échappe.
La foule noire et muette la retient prisonnière; je ne
peux que la suivre du regard, tandis qu'elle avance
lentement, la main de ma petite sœur dans sa main,
vers la porte qui donne sur...

Non. Arrêtons. Il arrive un moment où l'imagination
elle-même n'a pas le droit d'avancer.

Parlons d'autre chose.

# UN VŒU

Non loin de Kielce et de Radom se trouve le village d'Apta. L'homme qui le rendit célèbre se nommait Rabbi Abraham Yeoshoua Heschel. On l'appelait *Ohev Israël*, l'amant d'Israël, titre unique gravé sur sa pierre tombale. Excès d'humilité de sa part? Il avait interdit qu'on y ajoutât d'autres éloges. Malade, sentant sa fin approcher, il s'en était expliqué : « Écoutez, dit-il à ses disciples, si vous me faites trop de compliments dans vos oraisons funèbres, vous risquez de m'embarrasser là-haut. On se moquera de moi. On me dira : Quoi? un Juste – toi? Toi, un savant? Comparé à mes maîtres et aux leurs, je ne vaux rien, je ne suis rien. Non, ne rappelez qu'une seule vertu : mon amour pour Israël. Nul n'osera me condamner. Nul ne se moquera de moi. Là-haut on saura qu'il ne faut pas se moquer. Là-haut il ne viendra à l'idée de personne de ridiculiser quelqu'un pour son amour d'Israël. »

Cette histoire reflète son enseignement. L'importance des mots. L'accent mis sur les rapports humains. La conviction que la vie ne s'arrête pas à la mort, qu'elle continue ailleurs, dans une sphère plus haute, dans une conscience plus nette. L'obligation de se dire :

il se peut que je ne mérite pas d'être aimé, mais je n'ai pas le droit de ne pas aimer.

Débordant de sagesse, de compassion, de compréhension, le Rabbi d'Apta conquit un rôle, une place à part dans le royaume hassidique. Ses contemporains, ses pairs eux-mêmes voyaient en lui une sorte d'arbitre suprême. Ils venaient vers lui pour aplanir les querelles, pour apprendre la diversité. De tous, il se voulait l'ami.

Une histoire : une femme belle et riche vint le voir pour solliciter son intercession au ciel. Ils ne sont pas seuls dans la pièce – un Rabbi ne devant jamais se trouver en tête à tête avec une femme autre que la sienne. Et sans même la regarder, il tonne : « Comment oses-tu entrer ainsi chez moi? femme impudique, insolente, dévergondée! Que pensais-tu? que tu pouvais te cacher devant mon regard? que je ne saurais voir à travers ton voile? J'ai des yeux, moi; ils découvrent ce que tu cherches à dissimuler! » Et, sur sa lancée, il énumère les méfaits qu'elle vient de commettre. Alors, la femme, pâle et bouleversée, lui répond d'un air triste : « Je ne vous comprends pas, Rabbi. Les choses que Dieu lui-même garde secrètes, pourquoi les dévoilez-vous devant tout le monde »? Une autre version raconte que, le Rabbi l'ayant mise à la porte, elle lui dit : « Rabbi, Dieu est plus charitable que vous, il me permet de rester dans sa demeure. Vous, non! » Plus tard, le Rabbi confiera à ses disciples : « Cette femme est la seule personne qui, dans un débat avec moi, ait eu le dessus. » Il dira aussi : « Cette rencontre a marqué un tournant dans ma vie. Elle m'a fait comprendre que je m'étais engagé sur une fausse voie; j'avais choisi *Din* – rigueur – plutôt que *Rachamim* – compassion. »

Oui, cette voie est dangereuse pour un Rabbi, et stérile pour un hassid.

A première vue, le personnage frappe par sa netteté. Son destin s'accomplit selon une logique parfaite. Issu d'une famille rabbinique très ancienne, il ne peut pas ne pas devenir rabbin. Disciple d'un grand Maître, il le deviendra aussi. Ayant su admirer, il sera admiré. Il incarnera la sublimation de nos aspirations, le songe de nos songes. Quand il parle, les disciples écoutent. Quand il se tait, ils se taisent avec lui. Son autorité est acceptée et elle est entière. Tout le monde est content. Le Rabbi parce qu'il est capable d'aider, et ses disciples parce qu'ils en ont besoin.

Est-ce à dire que le Rabbi connaît un bonheur sans ombre? sans faille? Nous verrons plus tard que, comme chez d'autres grands maîtres hassidiques, chez lui aussi, les apparences sont trompeuses.

Tout d'abord, consultons son dossier.

Né, à deux ans près, autour de 1750, à Novomiast, il connut une enfance ensoleillée. Fils du rabbin local, il étudie le Talmud et la Kabbale. On parle de lui, on vante ses qualités, on lui offre le poste de rabbin à Kolbassov, puis à Yassi, ensuite à Apta, et enfin à Medzebozh où il meurt à l'âge de soixante-douze ou soixante-quinze ans. Il aura régné en Galicie, en Roumanie, en Ukraine, et laissé des traces profondes ainsi que des admirateurs fervents et dévoués partout.

Comment et dans quelles circonstances est-il devenu hassid? Il le dit lui-même : « C'est arrivé à Kolbassov. J'étais en train d'approfondir un passage difficile du Talmud, lorsque je perçus le bruit d'un carrosse. Deux hommes en descendirent : un vieillard et un jeune. Naturellement, remplissant mes devoirs d'hospitalité, je leur offris à boire et à manger, et les quittai aussitôt pour ne pas les déranger; et puis aussi, j'avais hâte de retourner moi-même à l'étude. Par malchance, je ne pus me concentrer; c'était leur faute. Ils parlaient trop fort et je ne pus m'empêcher d'écouter sans, d'ailleurs, y comprendre quoi que ce fût. Le soir, nous nous rendîmes tous les trois à la Maison de prière pour l'office de *Minha* et ensuite regagnâmes ma demeure. Mes deux invités se parlaient encore et encore – et moi je ne comprenais toujours pas ce qu'ils se disaient. A minuit, nous récitâmes les litanies d'usage et pleurâmes sur la destruction du temple de Jérusalem. Le lendemain, ils s'en allèrent sans me dire qui ils étaient. Après leur départ, ma pensée les accompagnait, car je me rendais compte que leurs propos avaient un rapport avec les problèmes qui, depuis un temps déjà, me préoccupaient. J'étais en colère contre moi-même; je n'aurais pas dû les laisser partir comme ça, sans leur faire dire d'où ils venaient et où ils allaient. Deux semaines après, ils réapparurent devant ma maison. Ravi, je me dis que, enfin, je pourrais les entretenir des questions difficiles qui me hantaient. Je me précipitai dehors et leur demandai ce qu'ils désiraient. « Un *beiggel*, répondirent-ils. Apporte-nous un *beiggel*. » Bon, je leur en apportai un, l'ayant choisi beau et frais et appétissant. Ils s'en emparèrent et, l'instant d'après, ils n'étaient plus là. Je me mis à courir après leur carrosse, j'avais peur de les perdre pour de bon. Ils m'aidèrent à monter et à m'asseoir. Arrivés au village le plus proche, ils me conseillèrent de rebrousser chemin et me dirent pourquoi : " Tu ne nous appartiens pas, tu appartiens au Rabbi Elimelekh de Lizensk. " Eh bien, savez-vous qui ces deux voyageurs étaient? Rabbi Moshé-Leib de Sassov et Rabbi Levi-Yitzhak de Berditchev. Grâce à eux je sus chez qui aller. »

Le vieux Maître et son jeune disciple se lièrent d'amitié et ils restèrent ensemble et unis. Avant de mourir, dit-on, Rabbi Elimelekh légua ses pouvoirs à ses proches disciples. Ainsi il offrit au Voyant de Lublin ses dons prophétiques, au Maguid de Kozhenitz son cœur plein de tendresse et au Rabbi d'Apta sa sagesse. Bon sens, soif de justice, compréhension profonde : voilà les traits qui caractérisaient Rabbi Abraham Yeoshoua Heschel. D'où son immense popularité. Résultat : sollicité partout, on le trouvait partout. Pareil aux autres Maîtres hassidiques, il se déplaçait souvent; mais pas pour les mêmes raisons. Eux, on les chassait souvent d'un endroit à l'autre; lui, on l'invitait à des postes toujours plus élevés. Dans certains cas, il les cumulait. En quittant Apta, il rassura ses habitants juifs : « Ne vous en faites pas. Même loin d'Apta, même à Jassy, je m'appellerai le Rabbi d'Apta. » Plus tard, établi à Medzhebozh, où il vécut les treize dernières années de sa vie, il était toujours connu comme le Rabbi d'Apta.

Ses deux fils ne lui succédèrent pas; ses gendres non plus. Tous occupèrent d'autres trônes à l'intérieur du royaume, mais pas celui d'Apta. Apta demeure lié à son premier titulaire. Apta reste le nom d'une personne, non d'une dynastie.

Le Rabbi Abraham Yeoshoua Heschel aimait les exagérations. Comme le sage talmudique Rabbah bar-bar Hanna dont la fantaisie dépassait celle des plus grands conteurs orientaux. Comme Rabbi Nahman de Bratzlav, le plus étonnant des conteurs hassidiques. A cette différence près : Rabbi Nahman appliquait son imagination à ses histoires; le Rabbi d'Apta insérait la sienne dans sa vie.

Par exemple : il mangeait beaucoup; beaucoup trop, selon certains observateurs. Nul Maître et peu de hassidim pouvaient se vanter de vider une assiette plus vite que lui. Il lui arrivait même de puiser dans celle de son voisin. Pour ses admirateurs, il ne s'agissait point d'appétit ou de jouissance, mais d'autre chose; il dévorait la nourriture pour des raisons mystiques.

« Quand le Messie viendra, disait-il, tous les jeûnes seront abolis, excepté deux : le neuvième jour d'Av (qui commémore la destruction de Jérusalem) et le Yom Kippour. Qui peut manger un jour de deuil? et qui veut manger le jour du Grand Pardon? »

Le Rabbi Eleazar Hacohen de Paltsuk raconte : « Le vendredi soir, à table, au milieu du repas, il arrivait que le Rabbi d'Apta mette sa tête dans ses mains tout en gémissant, tout en frémissant, et nous tous tremblions aussi; puis il exposait quelque passage éblouissant de la Torah et ses paroles suggéraient des profondeurs insondables; et son visage était en flammes, et ses yeux aussi, et sa voix aussi, et nous aussi... »

Le Maître aimait faire des discours, enseigner, interpréter prières et textes anciens, stimuler la pensée de son public. Bien sûr, ses admirateurs, déterminés à capter chaque bribe de phrase, chaque sourire, se poussaient du coude, se pressaient pour se rapprocher. « Ne vous poussez pas, leur dit-il un soir. Cela ne vous servira à rien. Ceux qui savent écouter entendront même de loin; les autres, même de plus près, n'entendront pas. »

Ceux qui entendaient comprenaient-ils le sens et le mobile de ses discours? Franchement, il s'agissait moins de comprendre que d'admirer.

Une histoire : le Rabbi Abraham Yeoshoua Heschel éprouva un jour le besoin de rendre visite au petit-fils du Baal-Shem-Tov, le Rabbi Baroukh de Medzebozh. L'ayant salué, il se prépara à lui conter une de ses fantaisies, mais son hôte l'arrêta : Pas encore, pas ici, venez. Et il l'emmena à un endroit surnommé « le puits du Besht ». Là, appuyé sur sa canne à pomme d'argent, il se tourna vers son illustre visiteur : « Racontez. » Et le Rabbi d'Apta, donnant libre cours à son imagination, lui décrivit les noces grandioses de son fils : « La pâte fraîche fut si longue qu'il fallait la mettre à sécher sur les toits; elle atteignait le sol. » Et puis : « Les invités, il y en avait tant que pour leur donner des cure-dents il fallait nous procurer deux wagons de paille. » Et aussi : « D'une seule coquille d'œuf on pouvait, en y ajoutant des pelures d'oignon, bâtir un pont, non : deux ponts au-dessus du fleuve le plus large de la ville. » Et ensuite : « Comme cadeau de noces, j'offris au fiancé un manteau de fourrure au poil si long qu'un soldat sur son cheval, l'épée brandie à son poing, pouvait s'y cacher; et pourtant, le manteau était si petit qu'on

pouvait le fourrer dans une noix. » Le petit-fils du
Besht apprécia ces contes et s'écria : « Je n'ai jamais de
ma vie entendu quelque chose d'aussi beau; vous avez
une bouche d'or. »

Un autre jour il raconta au Rabbi Levi-Yitzhak de
Berditchev l'affection que ses fidèles éprouvaient pour
lui à Jassy : ils construisirent un pont gigantesque
devant sa maison, en son honneur; mille fois mille
planches furent importées de loin, et pourtant il en
fallait davantage. Rabbi Levi-Yitzhak écouta les yeux
fermés, les hassidim présents poussèrent des cris
d'émerveillement : ah, quelle histoire, quelle magnifi-
que leçon! Et l'un d'eux, un marchand de Jassy, crut
utile de hocher sa tête plusieurs fois en signe d'assentiment, comme s'il voulait confirmer les dires du
Maître : en effet, tout cela est vrai, j'y étais... Mais le
Rabbi d'Apta le rabroua : « Reb Noah, lui lança-t-il, ce
que j'ai le droit de faire, moi, ne le fais pas, toi. As-tu
compris? »

Pourquoi le Rabbi se fâcha-t-il? Considérait-il que sa
parole pouvait se passer de corroboration? Souhaitait-
il, peut-être, préserver le côté ambigu, imprécis, fantai-
siste de son discours? Voulait-il enseigner une leçon à
ses élèves, notamment que l'imagination du Rabbi ne
devait jamais se transformer en réalité pour le hassid?

Un matin, après le service, le Maguid de Kozhenitz,
son condisciple du temps qu'ils avaient étudié auprès
du Tzaddik de Lizensk, se tourna vers le Rabbi
d'Apta : « Ai-je bien vu? me serais-je trompé? n'était-ce
pas notre ancêtre Adam qui vient de partir? – C'était
bien lui, répondit Rabbi Abraham Yeoshoua Heschel.
Cette nuit, j'eus une idée brillante pour justifier, ou du

moins expliquer, son péché; alors il est venu m'en
remercier. »

Il prétendait maintenir des contacts plus ou moins
suivis avec d'autres ancêtres. Explication? Il était
convaincu d'avoir déjà vécu dans ce monde. Plus d'une
fois. Neuf fois, exactement. Il en était à la dixième. Et
chaque fois dans un rôle différent.

« Je me souviens d'avoir été grand prêtre, prince,
président de la communauté diasporique... Chaque fois
je m'efforçais de suivre entièrement le commandement
qui gouverne mon existence : aime ton prochain comme
toi-même. Malgré mes efforts, il y avait toujours un
petit obstacle sur mon chemin; voilà pourquoi je devais
retourner sur terre. Pour corriger cette erreur, réparer
un oubli, restituer une phrase, un mot. Cette fois-ci,
j'espère réussir. »

Un jour, un hassid vint le voir en pleurant. « Pourquoi pleures-tu? – Ah, Rabbi, nombreux sont mes
péchés », répondit le hassid qui se mit à les énumérer.
Mais soudain il s'interrompit car il se rendait compte
que, tout en l'écoutant, le Rabbi riait. Alors il dévoila
tous les moyens qu'il employait pour faire pénitence : il
s'infligeait souffrance et châtiment, il jeûnait, il comptait ses nuits d'insomnie. Il parlait, parlait, et le Rabbi
riait de plus belle. Pour qu'il ne pensât pas qu'il se
moquait de lui, le Maître lui expliqua alors : « Tu te
mortifies en vain. Tiens, je me souviens de toi : tu es
venu me voir il y a deux mille ans à Jérusalem, tu
pleurais, tu pleurais pour te faire pardonner tes péchés
– les mêmes qui te pèsent aujourd'hui. Tu devrais rire
comme moi, avec moi... »

Pourtant, il lui arrivait de s'exprimer avec moins de
certitude. De son aîné, le Rabbi Yekhiel-Mekhel de

Zlotchev, il disait : « Chaque génération possède son
Juste qui sait se servir des clefs pour ouvrir les portes
secrètes de la Torah. Rabbi Yekhiel-Mekhel est le
nôtre. D'où je le tiens? Je l'ai entendu parler et soudain
toutes mes questions furent résolues; mais alors, il
s'arrêta de parler, et elles me furent rendues. Voilà
comment je sais. »

Impliqué dans les affaires courantes de ses élèves et
disciples, il se tenait à l'écart de la vie politique. Pas
comme ses illustres contemporains – le Voyant de
Lublin, Reb Mendel de Riminov, Reb Shneour-Zalmen
de Ladi, Reb Naphtali de Ropshitz – qui, eux, s'occupèrent même des questions géopolitiques qui pertur-
baient l'actualité. Les guerres napoléoniennes, le nouveau partage de la Pologne, les lois sur l'émancipation :
fallait-il prendre position pour tel camp ou pour tel
autre? Le Rabbi d'Apta préférait s'en abstenir. Était-il
au courant des événements? Sans doute. D'autant
qu'ils affectaient les communautés juives, les premières
à souffrir des crises, les premières à en subir les
conséquences. Victoires ou défaites militaires, frontières changeantes, régimes abolis ou restaurés : on trouve
toujours des Juifs parmi les victimes. Pourtant tout cela
ne figure presque pas dans ses commentaires, métapho-
res, légendes et ne fait irruption qu'une fois, par
rapport à lui, dans la chronique hassidique. Incident
bizarre : le Voyant de Lublin, le Rabbi Mendel de
Riminov et le Maître d'Apta sont dénoncés aux autorités françaises d'occupation qui les font arrêter. Accusés d'espionnage, ils seront pourtant relâchés. Certains

disent par miracle. D'autres offrent une explication plus rationnelle : les hassidim ont réussi à soudoyer la police. Troisième version : les inculpés sont amenés devant le juge d'instruction. Un bref dialogue s'ensuit – que voici (en résumé) : « Qui êtes-vous et quelle est votre occupation ? – Nous sommes les serviteurs de Dieu », répond Rabbi Mendel de Riminov, nommé porte-parole en raison de ses connaissances en langues étrangères. Et comme le juge d'instruction ne semble pas impressionné outre mesure, il enchaîne : « Et si vous nous manquez de respect, nous refuserons de vous répondre. » Là-dessus, Rabbi Mendel de Riminov se coiffe de son *shtreimel* à la vue duquel le juge se met à trembler de tout son corps. Les Maîtres hassidiques sont remis en liberté le jour même. Et le Rabbi d'Apta peut rentrer chez lui et retrouver ses hassidim. Quoi ! Le monde s'effondrait et tout ce que le Rabbi avait sur le cœur c'était le sort de ses hassidim ! En fait, pourquoi pas ? Qui d'autre se souciait de leur bien-être ?

En examinant les sources et les chroniques de la littérature hassidique, on découvre encore une autre intervention de la part du Rabbi d'Apta. Deux versions nous en sont proposées. La première fait mention d'une réunion rabbinique convoquée en Galicie pour protester contre les nouvelles lois ayant pour but l'assimilation forcée des Juifs : école publique obligatoire, interdiction de porter les vêtements et les costumes d'usage... La seconde est plus pittoresque. Rabbi Abraham Yeoshoua Heschel se trouvait chez son Maître le Rabbi Elimelekh de Lizensk lorsqu'une nouvelle grave leur arriva ; elle concernait l'éducation des jeunes filles... Le monde hassidique en fut bouleversé. L'éducation laïque, on savait ce que c'était ; et les dangers qu'elle

comportait : pensées frivoles, comportement libertin,
promiscuité, rejet des traditions... Un hassid du nom de
Feivel aborda Rabbi Elimelekh : « Rabbi, lui dit-il, je
souhaite intenter un procès contre le bon Dieu. – Pas
maintenant, répondit le Maître. Il fait nuit et les
tribunaux ne siègent pas la nuit. Reviens demain
matin. » Le lendemain, Rabbi Elimelehk réunit un
tribunal rabbinique en bonne et due forme. Y siégè-
rent : le Maguid de Kozhenitz, le Voyant de Lublin et
le Rabbi d'Apta. « Parle, dit Rabbi Elimelekh. – C'est
simple, dit Feivel. Puisque nous appartenons à Dieu,
comment permet-il au roi ici-bas de nous assujettir à
ses lois? Le Talmud ordonne au propriétaire d'un
esclave de ne pas le libérer à moitié, car la liberté ne
peut être qu'entière; Dieu ne connaît-il pas la loi
talmudique? » Ayant dit, Feivel se tut. Un silence
interminable s'ensuivit. Il ne fut interrompu que lorsque le Rabbi d'Apta déclara : « Pendant que la cour
délibère, il incombe aux deux parties de quitter la salle.
Feivel, sors. Quant à Toi, Seigneur, pardonne-nous de
Te le rappeler, mais nous savons que Tu es partout;
même si Tu sortais, Tu resterais ici. Si nous Te
demandons pardon, c'est parce que nous tenons à
rendre jugement sans peur. » Le débat secret dura un
long temps. La cour rendit son verdict en faveur du
plaignant : « En effet, la loi concernant l'éducation
laïque, donc l'assimilation forcée, est injuste; et il
incombe au Seigneur du monde de l'abolir. » Elle le
fut.

Pareil à ses pairs, le Rabbi d'Apta n'hésitait pas à
engager le débat avec le Créateur lorsqu'il s'agissait de
défendre Ses enfants. C'est permis, disait-il. La preuve : « Pourquoi Dieu avait-il tenu à marchander avec

Abraham au sujet du nombre de Justes à Sodome ? Cinquante, quarante, trente, dix : Dieu ne savait-il pas, dès le départ, qu'il n'y en avait pas dans la cité pécheresse ? Pourquoi alors laisser Abraham baisser le chiffre ? Il tenait à lui apprendre la valeur de la discussion. »

Lors des débats et disputes internes qui agitaient le mouvement hassidique, c'était vers le Rabbi d'Apta qu'on se tournait. Toutes les factions se soumettaient à son jugement. On l'a vu lors du mariage célèbre qui eut lieu à Ostila.

Ce mariage occupe une place dans l'histoire du mouvement, non seulement parce qu'il réunit deux familles illustres – la fiancée était la petite-fille du Rabbi d'Apta et le fiancé le fils d'une famille importante de Botoshan – mais surtout parce qu'il empêcha une rupture, une scission dans les rangs des adeptes.

Une précision, d'abord : en ce temps-là, le hassidisme traverse crise après crise. La raison ? L'école de Pshiskhe vient de proclamer la révolte contre celle de Lublin. Rabbi Bounam, à moitié aveugle, prêche l'étude et la ferveur, l'étude dans la ferveur, mais non la ferveur sans étude. Ses disciples pensent avec lui que la beauté du message hassidique est en train de s'estomper – à cause de quoi, de qui ? A cause des Rabbis. Il y en a trop. Ils ont trop de puissance. La complaisance a remplacé la quête. Tout est devenu trop facile, trop commode. On ne vient plus chez le Maître pour le suivre vers les sommets, mais pour obtenir de lui bénédictions et intercessions anodines, quotidien-

nes : pour que les affaires marchent mieux, pour que les
filles trouvent des maris, pour que le père malade se
rétablisse. Et la vérité, dans tout cela? crie-t-on à
Pshiskhe. Et Dieu? Et la rédemption? L'anti-pouvoir
est devenu le pouvoir, voilà pourquoi il perd de sa
substance, de sa pureté. Il faut tout recommencer,
revenir à la source... Les différentes écoles et dynasties,
offensées, ripostent. La bataille n'est plus livrée entre
Juifs et Gentils, ni entre les hassidim et leurs opposants, mais entre hassidim. Tous y prennent part.
Impossible de rester neutre. Quiconque est pour
Pshiskhe est contre les autres. Le jeune Rabbi Itsé-
Meir Rutenberg par exemple – qui deviendra le Maître
de Guer – s'arrache à son Rabbi, le Maguid de
Kozhenitz, pour rejoindre Rabbi Bounam. Commentaire du Maguid : « Pauvre, pauvre Itsé-Meir; il a
dérangé, perturbé mon Shabbat... Je crains que la
même chose, sinon pire, ne lui arrive. » Prédiction?
Prémonition? Coïncidence? Le Rabbi de Guer perdra
jusqu'au dernier de ses treize enfants; tous mourront le
Shabbat.

Non, la querelle entre Pshiskhe et le reste du
mouvement n'est pas un jeu. Tous les centres en sont
affectés. Certains se battent pour excommunier Pshiskhe. Seulement, ce n'est pas une chose qu'on fait à la
légère. D'abord, il faut employer la persuasion, la
médiation, la discussion... Tiens, pourquoi pas un débat
public? Rabbi Yosseph de Yaritchov a une idée brillante : comme il va y avoir un mariage à Ostila, et
comme il va sans doute attirer de nombreux Maîtres
qui, à leur tour, feront venir d'innombrables adeptes,
pourquoi ne pas y convoquer Pshiskhe pour se défendre? Proposition acceptée. Elle suscite l'enthousiasme.

Partout on se prépare. On cherche à deviner le scénario. Qui jouera quel rôle. Une chose est claire : le juge
ne pourra être que le Rabbi d'Apta.

Des milliers et des milliers de hassidim, venus de
toutes les régions de la Pologne et de la Russie blanche,
convergent alors sur Ostila. Deux cents Maîtres, vêtus
de blanc, siègent à la table d'honneur. Fidèle à la
coutume, la foule chante et danse pour égayer les
jeunes mariés; on leur offre cadeaux, compliments,
promesses. Cependant la tension ne cesse de croître; on
attend le débat orageux, l'affrontement violent : qui
commencera? Un adepte de Pshiskhe. D'un mouvement agile, prenant ses interlocuteurs par surprise, il
saute sur la table et ouvre sa chemise : « Rabbi d'Apta,
crie-t-il, regardez, vous qui savez voir loin et profond,
regardez mon cœur; vous y verrez la vérité; vous
reconnaîtrez que mon Maître de Pshiskhe est fausse-
ment, injustement calomnié! » Le vieux Rabbi regarde
et écoute, et ne dit rien. Alors s'ouvre le débat. Des
deux côtés on cite passages bibliques et lois talmudiques, légendes midrashiques et allusions mystiques :
par son niveau, par son intensité, la discussion fait
honneur au mouvement.

Sur ces entrefaites, arrive à Ostila un prince. Son
carrosse ne peut avancer, tant les rues sont bondées. Il
demande : Que se passe-t-il? Pourquoi tous ces gens,
tout ce bruit, puisque ce n'est pas jour de foire? On lui
explique : c'est une fête spéciale; des noces hassidiques.
Il ne comprend pas, il veut voir, il s'approche : des
hassidim, vêtus en Cosaques, dansent avec frénésie
pour divertir les jeunes mariés lors de leur premier
repas pris ensemble. Le prince, furieux, fait arrêter le
Rabi d'Apta : ses « Cosaques » lui ont manqué de

respect. Le Rabbi les reconnaît coupables et décide de
les punir séance tenante : il leur arrache les épaulettes
en déclarant : *Oïs* Cosaques » – vous n'êtes plus des
Cosaques. De là vient l'expression yiddish, équivalent
de « finie la comédie ». Dénouement heureux : le prince
est satisfait; son carrosse peut traverser la ville; les
hassidim sont heureux; le débat est clos; il n'y aura pas
de rupture dans le mouvement; l'école de Pshiskhe
n'est pas exclue, au contraire; elle deviendra un nouveau centre, un de plus. Avec ses connaissances éton-
nantes, talmudiques aussi bien que mystiques, le jeune
Rabbi de Guer avait su plaider la cause de son ami et
Maître, le Rabbi Bounam : la passion de Pshiskhe pour
l'étude ne nie pas l'enseignement du Besht mais l'enri-
chit. La bataille s'est achevée sur une victoire pour les
deux adversaires, Dieu merci.

Fermé à l'envie, à la rancune, à la jalousie, le Maître
d'Apta aime pousser ses disciples à assumer des
positions de responsabilité. L'un d'eux refuse et dit
timidement : « Je ne pense pas que j'en suis digne. – Et
moi, dit le Rabbi d'Apta, tu penses peut-être que je
le suis? Si moi je peux être Rabbi, tu le peux
aussi. »

Ses mots font le tour du royaume. Un jour il
s'écrie : « Maître de l'univers, si Tu tiens absolument
à m'envoyer en enfer, vas-y. Mais Tu me connais,
Tu sais que j'ai mauvais caractère; j'aime discuter; je
me mettrai à me disputer avec les impies, et les anges
surveillants en seront forcément exaspérés : aie
pitié d'eux! Ma suggestion? La voici : fais sortir
tous les impies de l'enfer; alors, moi, j'y entrerai avec
joie. »

Un adepte lui fait part de sa misère : « Dieu t'aidera,

dit le Rabbi. – Oui, fait le hassid, mais... en attendant?
– Dieu t'aidera à attendre, dit le Rabbi. »

« L'homme, disait-il, est un flacon et c'est Dieu qui
le remplit. Parfois il le remplit de vin, et parfois de
vinaigre. »

Commentant le verset des Psaumes : « Les idoles d'or
ou d'argent ont des yeux, mais ne voient pas », il disait :
« Il ne s'agit pas des idoles, mais de leurs adorateurs
qui dans leur aveuglement ne voient que l'or ou
l'argent. »

Un jour il arriva dans une ville où deux hommes lui
offraient l'hospitalité. Tous les deux étaient pieux et
érudits, mais l'un d'eux avait moins bonne réputation
que l'autre. Le choix du Rabbi? La victime des
médisances. Il expliqua à ses proches : « Je ne juge
personne, Dieu seul est juge; moi je ne sais qu'une
chose : un homme dont tout le monde ne dit que du
bien risque de devenir vaniteux et de ne penser qu'à
lui-même; d'un tel homme Dieu dit qu'Il ne peut
cohabiter avec lui; et si Dieu ne peut pas, comment le
pourrais-je? »

Charitable envers les victimes, les délaissés, les
solitaires, Rabbi Abraham Yeoshoua Heschel se servait
de sa position, de ses pouvoirs pour les aider, pour
prendre leur défense. La chronique raconte : il avait
juré de ne jamais médire. Il arrivait qu'un disciple
essayait de le « monter » contre tel ou tel rabbi ou
hassid; en vain. Le rôle du Rabbi, pour le Maître
d'Apta, était de savoir aussi ne pas écouter.

Mais il doit savoir regarder. Parfois Rabbi Abraham
Yeoshoua Heschel s'enfermait dans sa chambre pour
mesurer le péril qui menaçait le peuple d'Israël. Assis
dans son fauteuil, essuyant les verres de ses lunettes, il

explorait le temps, déchiffrait les signes, priait le ciel d'ouvrir les portes de la miséricorde...

Dans sa jeunesse, dit la légende hassidique, le Rabbi d'Apta avait pour habitude d'interroger les feuilles des arbres, les nuages... Plus tard, il écoutait les pas dans la rue... Plus tard, mû par un présage, il refusait de regarder et d'écouter un avenir qu'il devinait néfaste : les membres de son corps le lui révélaient. Dans son angoisse, il implorait Dieu de lui ôter ses dons prophétiques.

Il essaya d'intercéder pour son peuple; on lui attribue un grand nombre de miracles. N'empêche que vers la fin de sa vie, il fut envahi de tristesse. Il commença à manifester un intérêt exagéré pour les problèmes de la mort.

Rabbi Itzhak-Eizik de Komarno le vit consoler une veuve en pleurant. C'était la *Shekhina,* dit le Rabbi d'Apta, la veuve de Sion, la veuve d'Israël; quand on pleure pour elle, on pleure aussi pour soi-même.

Il commenta le verset biblique « Et c'est ici que mourut Moïse, le serviteur de Dieu » en disant : « Est-il possible que Moïse servît Dieu après sa mort? Oui, c'est possible : après sa mort, Moïse alla voir les patriarches et leur déclara : Voyez, Dieu a tenu Sa promesse; vos descendants sont entrés en Terre sainte. »

Durant le mois précédant sa mort, il réunissait fréquemment ses enfants et ses disciples pour leur parler. Parfois il se levait pour arpenter la pièce. Le visage en feu, il parlait, parlait. Une fois il s'arrêta devant sa table et s'écria : « Il arrive un moment où les objets aussi sont appelés à témoigner, c'est pourquoi je te demande de témoigner pour moi; tu diras que je me suis servi de toi pour étudier et pour enseigner, et que je ne t'ai jamais fait honte, tu diras tout cela, n'est-ce pas? »

Un autre jour, il se fit mélancolique : « Je sens, dit-il à ses proches, je sens que je vous quitterai bientôt; je me présenterai devant le tribunal céleste; on me demandera : Qui es-tu?, et je ne saurai quoi répondre. » A peine eut-il fini de parler que la porte s'ouvrit sur un émissaire arrivé de Terre sainte porteur d'un message pour le Rabbi : « La sainte communauté de Volhynie établie à Tibérias vient de t'élire à la présidence. » Le Rabbi, exubérant d'allégresse, ordonna de fêter l'événement. On but, on chanta. Puis il remit une somme d'argent au messager, en lui disant : « Dès que tu arriveras à Tibérias, dis à nos gens d'acheter pour moi une tombe à côté de celle du prophète Osée. » La légende ajoute : la nuit de sa mort, une voix céleste réveilla les membres de la sainte communauté de Volhynie à Tibérias, leur disant : « Debout, debout, votre Maître arrive, allez le saluer, rendez-lui les honneurs dus à son rang! Et, au même moment, le veilleur de la communauté vit un cercueil traverser l'air accompagné par des milliers d'âmes...

Une autre légende fait état d'une marchande de légumes d'Apta qui eut un rêve : en songe, elle vit son mari défunt qui passait à côté d'elle sans l'apercevoir; elle lui courut après en criant : « D'abord, tu me laisses ici seule avec nos petits enfants; et maintenant tu ne me regardes même pas? » et son mari de s'excuser :

« Ce n'est pas ma faute, dit-il; nous préparons les funérailles du Rabbi d'Apta, demain... »

Lorsque Rabbi Abraham Yeoshoua Heschel sentit son heure arriver, il ouvrit ses yeux et regarda ses enfants et les leurs, ses disciples et les leurs, et il se mit à pleurer : « Je m'en vais et le Messie n'est pas encore là... Pourquoi tarde-t-il à venir ? » Il se tut un long moment avant de continuer d'une voix douce et infiniment triste : « Je me souviens... Lorsque Rabbi Levi-Yitzhak de Berditchev quitta le monde d'ici-bas, il promit d'aller voir nos ancêtres et de leur rappeler nos misères et nos peines; il jura de ne pas les laisser en paix tant que le Rédempteur ne serait pas là. Mais, malheureusement, les anges le dupèrent. Ils le transportèrent de ciel en ciel, l'un plus haut que l'autre, d'un sanctuaire à l'autre, tout en lui révélant des secrets éblouissants, si bien qu'il tomba dans l'extase; et ainsi il oublia sa promesse... Oui, malheur à nous, le Rabbi de Berditchev a oublié sa promesse... Mais moi, je vous fais une promesse et je vous jure de la tenir : moi, je n'oublierai pas... »

Cette histoire désespérée, je l'aime. C'est à cause d'elle que j'ai raconté la vie et la mort du Rabbi d'Apta.

Il fut un temps où certains d'entre nous firent une promesse similaire. Nous nous disions : si un jour, par miracle, nous nous en sortons, nous consacrerons notre vie à témoigner, à dire l'agonie d'un peuple dans l'indifférence générale, à dire la solitude des vieillards, le regard des mères, le sourire des enfants marchant

vers la mort; si nous survivons, nous disions-nous, nous
ferons de chaque jour une offrande et de chaque nuit
une prière pour que, sur les ruines de la création, naisse
une espérance nouvelle annonçant une aube généreuse
pour les générations futures.

Si nous survivons, disions-nous, nous jurons – comme
le Rabbi d'Apta – de ne pas oublier.

Avons-nous tenu notre promesse?

# Chroniques d'hier

## 1

## SUR LES TRACES DE SHIMON DUBNOV

Mot clé de tout vocabulaire, « connaître » perturbe le nôtre. En essayant de communiquer notre expérience, nous tenions également à découvrir qui savait quoi et quand. La question, lancinante, nous hantait depuis des années. Le monde savait-il ce que les tueurs faisaient subir aux victimes? Les tueurs en étaient-ils conscients eux-mêmes? et les victimes? Le savons-nous aujourd'hui? Et vous, nés après, seriez-vous capables de le savoir? Est-il possible, pour un être humain normal, de l'apprendre, de l'assimiler? Situé au-delà du langage, l'événement peut-il être perçu par les hommes? Relégué au-delà de la connaissance, Auschwitz s'érige en monument qui obscurcit le ciel, d'où la question ultime : et Dieu dans tout cela? Savait-il ce qui s'y passait?

Problème supplémentaire : comment aborder un sujet qui, par définition, défie le langage? Quels mots existent pour décrire les familles innombrables, toutes déracinées? les communautés anéanties? les tribus dispersées par le vent? Trop de cimetières invisibles réclament notre regard, lequel choisir?

Pour parler de « connaissance », un lieu s'impose. Je n'y ai pas vécu, je ne l'ai jamais visité et pourtant Riga, la capitale de la Lettonie, me semble familière. Mon intérêt pour cet endroit est lié au nom du grand historien juif Shimon Dubnov, ou plutôt à une histoire le concernant. Celle-ci raconte sa mort en une seule phrase dans *l'Encyclopédie judaïque*. A la fin d'une longue notice biographique, la phrase en question dit que le vieil historien de quatre-vingt-deux ans aurait été tué en décembre 1941 par un ancien élève à lui, lors de la liquidation du ghetto de Riga.

Intrigué, je voulus en savoir davantage. Le romancier en moi sentit son imagination s'enflammer : quelle scène que celle mettant le maître et son disciple l'un en face de l'autre! Que s'étaient-ils dit? Avaient-ils cherché, en ce dernier affrontement, l'influence que l'un avait pu exercer sur l'autre? Ma curiosité me dévorait. Alors, bien entendu, je m'adressai aux grands historiens de l'Holocauste et leur réclamai des informations supplémentaires. Raul Hilberg : rien. Dubnov n'est pas même mentionné dans son ouvrage volumineux. Lucy Davidowicz? Pas mentionné. Reuben Aizenstadt? Rien. A vrai dire, je n'en croyais pas mes yeux. L'homme qui, avec Graetz, compte parmi les premiers historiens du peuple juif, le voilà négligé par ceux-là mêmes qui, par leur métier, étaient censés poursuivre sa tâche! Pis : le vieux Juif qui consacra les dernières années de sa vie à raconter la souffrance de son peuple ne figure même pas dans la chronique collective de cette souffrance! Comment expliquer cette injustice commise à son égard? Est-ce parce que rien ne nous est parvenu de son propre témoignage? Il passait ses jours et ses nuits, dans sa chambre appauvrie, à écrire; cela nous le savons. Mais ses écrits, où sont-ils? En quoi consistaient-ils? Nous l'ignorons. Tout ce que nous savons de sa fin nous vient de la phrase citée plus haut. Tué par son ancien élève : mais qui était l'élève? Qu'avait-il fait pour devenir assassin? Pour trouver les réponses à ces questions, il vous faudra ouvrir le *Livre noir* de Vassili Grossman et Ilya Ehrenbourg. Dans ce recueil, supprimé par Staline, un capitaine de l'Armée Rouge, Yefim Gekhtman, raconte ce qui suit : Shimon Dubnov avait donné des cours d'histoire juive et orientale à l'université de Heidelberg. Un certain Johann Siebert, son élève, avait adhéré au parti nazi, puis aux SS où il fit carrière. Promu Sturmbannführer, il fut détaché à la Kommandantur de Riga. Sa cruauté envers les Juifs était telle qu'ils le craignaient comme la mort. Il se montra particulièrement inhumain à l'égard de son ancien professeur. Souvent, il allait le retrouver avec un seul but : le narguer. Un jour il lui dit : « Professeur, vous avez longuement discouru devant vos étudiants de vos idées humanistes qui, selon vous, allaient triompher dans le monde; vous avez prévu l'émancipation totale du Juif au cours du XXᵉ siècle. Eh bien, écoutez-moi, professeur. Hier, dans la forêt de Biekerniki, pas loin d'ici, j'ai assisté à l'exécution de quatre cent quatre-vingts prisonniers de guerre russes et d'autant de Juifs! Vous pouvez donc célébrer votre victoire, Dubnov! Vous, les Juifs, avez enfin atteint l'égalité tant souhaitée avec les Russes! » Le vieux savant attendit la suite qui ne venait pas, alors il demanda calmement : « Combien de Juifs furent exécutés hier, disiez-vous? – Quatre cent quatre-vingts, répondit l'officier allemand. – C'est important pour moi de le savoir, dit Shimon Dubnov. Je continue de travailler, vous comprenez. »

Il est clair que l'historien a pris son rôle tragique de

chroniqueur au sérieux jusqu'à la fin de sa vie. Nous
pourrions même dire que ce rôle lui coûta la vie. Car,
nous le savons de plusieurs sources indépendantes, il
aurait pu fuir l'épreuve et se réfugier en Amérique ou
même en Suède où des admirateurs influents l'atten-
daient en le suppliant de venir. Il refusa leurs invita-
tions. Il préféra rester avec sa communauté et décrire
son destin. A ses compagnons d'infortune, il répétait
sans cesse : « Ouvrez vos yeux et vos oreilles; il faut
tout voir, tout retenir, tout raconter. » Un témoin se
souvient du vieil historien qui, dans le ghetto, « à la
lumière pâle et clignotante d'une lampe à pétrole,
travaillait tard sur ses notes, qu'il destinait aux futures
générations ». Malheureusement, ses carnets n'ont pas
été retrouvés.

Le capitaine Yefim Gekhtman de l'Armée Rouge a
réussi à interviewer cependant un homme qui déclarait avoir été présent à la mort de Dubnov. Elle eut
lieu le 8 décembre 1941, au cours de la dernière
action organisée par l'Einsatzgruppe A. La chasse à
l'homme avait duré pendant des heures. Dubnov
quitta l'immeuble où il était hébergé, avec le regard
serein d'un homme qui a accompli son devoir. A un
certain moment, il tourna sur ses talons pour regarder
derrière lui. Il neigeait. Seulement, la neige n'était
pas blanche mais rouge, souillée de sang. Fouettés
par des SS, des centaines d'hommes, de femmes et
d'enfants marchaient vers la mort. Dubnov aperçut
un officier allemand qui le reconnut aussi. Johann
Siebert ricana. Dubnov ouvrit la bouche comme pour
lui dire quelque chose, mais les fusils-mitrailleurs se
mirent à crépiter. Le *talit* du grand rabbin Zak
devint rouge. Et Dubnov tomba avec ses frères et ses
sœurs; en silence.

Le maître victime de son élève; l'historien refoulé de l'histoire : le personnage me fascinait. Je me mis à l'étudier. Pour mieux le cerner, je fis des recherches sur Riga. Quarante mille Juifs y habitèrent. Dubnov s'y installa en 1933 après avoir fui l'Allemagne nazie. Il continuait d'écrire ses livres d'histoire juive, des essais historiosophiques. Bien que totalement attaché à la culture juive, il s'exprimait en russe. Juif consciencieux et lucide, il rejetait l'assimilation aussi bien que le sionisme. Il combattit la religion mais plaida pour l'étude de la religion. Contrairement à Heinrich Graetz, il écrivit sur le mouvement hassidique – ses origines et son épanouissement – avec compassion et compréhension, alors que lui-même se tenait loin du hassidisme. Juif émancipé, il croyait en l'humanité universelle, et c'est pourquoi il avait foi en la Diaspora. Il était convaincu que la dispersion, l'exil, était nécessaire à l'existence juive. Souvent il aimait à définir le peuple juif comme celui dont la patrie serait la terre tout entière.

Sollicité par ses amis et disciples de quitter les pays en danger et d'aller se réfugier chez eux, en sécurité, il répondit : « En ces jours difficiles, il m'est impossible d'abandonner mon peuple. Les historiens futurs seront confrontés à une tâche fort dure. Qui sait combien de documents seront perdus à la suite de la destruction des grands centres juifs? Il se peut que ceci constitue la part la plus tragique de l'histoire juive depuis la chute de Jérusalem et l'incendie du Temple. Le nombre des victimes dépassera l'entendement. Cependant, il ne faut pas paniquer. Pour l'historien c'est clair : le sens profond de notre histoire a toujours été l'espoir. Les tyrans finissent par se noyer dans le sang qu'ils versent, et inévitablement la neige fond au printemps... »

Foi humaine? foi juive? foi culturelle, spirituelle? Foi religieuse peut-être? Foi retrouvée? A l'automne de sa vie, il semble être retourné aux traditions de ses ancêtres. Voici un texte qui conclut son histoire monumentale du peuple juif : « A la fin de ma vie, j'aimerais me rendre dans ma ville natale, en Russie blanche, que je n'ai plus revue depuis trente-huit ans. J'aimerais aller au cimetière visiter la tombe de mon grand-père, le grand savant talmudiste Reb Ben Zion, et lui murmurer : C'est moi, ton petit-fils, c'est moi Shimon, qui suis venu te parler à l'âge que tu avais en quittant ce monde. Te rappelles-tu ma révolte contre le judaïsme? Te souviens-tu de mon hostilité envers les choses que tu considérais sacrées? Ta tristesse, t'en souviens-tu encore, grand-père? Te rappelles-tu ta tristesse quand je t'ai quitté, toi et ton mode de vie? Tu me disais, qu'un jour, je retournerais à la source que j'avais négligée en ne voyant dans le judaïsme qu'une caricature, tu t'en souviens, grand-père? Eh bien, Reb Ben Zion, regarde : ta prophétie vient de s'accomplir. »

Il ne put réaliser son souhait. Il mourut sans sépulture et sans pouvoir aller se recueillir sur la tombe de son grand-père Reb Ben Zion. Mais maintenant, en lisant le récit de sa mort, nous apprenons quelque chose que nous ne savions pas : il est mort aux côtés du grand rabbin de Riga, Reb Menahem Mendelssohn berav Buber Zak. Ensemble, ils ont affronté les tueurs, ensemble ils ont vu leur communauté tomber sous les balles, ensemble ils ont ensanglanté la neige blanche et rouge du ghetto de Riga.

Qui était le grand rabbin Zak? Lui aussi m'intéressait. A cause de son *talit*? de sa proximité physique avec l'historien? Il avait soixante et onze ans lors de son assassinat. Comme Dubnov, il maintenait des liens profonds avec la Diaspora. Issu d'une ancienne lignée rabbinique, il jouissait d'une réputation solide de talmudiste à travers le monde des *yeshivot,* au point qu'on lui offrit le poste de grand rabbin de Palestine. Le rabbin Zak le refusa. Comme Dubnov, il voulait rester avec ses Juifs, à Riga, avec l'espoir indéracinable que le Messie ne tarderait point à venir les sauver. Malheureusement, les tueurs furent plus rapides.

La guerre hitlérienne contre la Russie commença le 21 juin 1941. Dix jours plus tard, le 1er juillet, Riga se trouvait déjà sous occupation allemande. Les chroniqueurs ont noté que mille Juifs furent exécutés le 16 du même mois, donc seize jours plus tard. Les cadavres encombrèrent les rues pendant sept jours, les Allemands ayant interdit leur enterrement selon les rites juifs. 21 octobre : publication du décret concernant la création du ghetto. 24 octobre : le ghetto est verrouillé. Le 27 novembre, tous les « spécialistes » mâles sont séparés de leurs familles et enfermés dans un petit ghetto. Deux jours plus tard, le Conseil juif reçoit des Allemands l'ordre de préparer la liste des malades, des vieux et des asociaux. Le Conseil juif, héroïque, refuse de les livrer. Le lendemain, tous les travailleurs sont retenus dans le ghetto. Le 1er décembre commence le massacre organisé qui va durer une semaine et qui coûtera la vie à dix mille six cents Juifs.

Et Dubnov? Malade, il est caché par des amis pendant les premiers jours de l'action. Au courant de ce qui se passe dans la rue et dans la forêt de Rumboli, il laisse échapper un cri d'épouvante : « Voici qu'approche la destruction de notre peuple. » Lorsqu'on l'informe que la grande synagogue est incendiée, il tient à

aller la voir. Malgré le danger. Le dernier jour de la
rafle sanglante et meurtrière, il plaide avec ses amis de
le laisser s'en aller; il veut mourir avec les Juifs. Une
autre version : emmené dans un convoi qui se dirige
vers Rumboli, il ne sait pas qu'un policier juif court
après lui pour le sauver. Le policier arrive trop tard.
Avant de mourir, Dubnov, à en croire certains chroniqueurs, put cependant assister à un sursaut de résistance chez les Juifs de sa ville. Voici les faits :
« Enfermés dans les synagogues, entassés comme pour
étouffer, les Juifs réussirent à s'armer et à se battre.
Les Maisons de prière et d'étude se transformèrent en
forteresses. Enragés, les Allemands firent venir des
tanks. La bataille inégale dura des heures et des
heures; à la tombée du jour, toutes les synagogues
étaient en flammes, incendiées par les envahisseurs, et
dans certains cas par les défenseurs eux-mêmes. » Un
témoin ajoute : « Pendant que les synagogues brûlaient,
on entendait les cris et les pleurs des femmes et des
enfants. Et, dans la grande " synagogue chorale ", le
rabbin Kilov récita des prières à voix haute, tandis que
les mitrailleuses aboyaient en bas. »
    En lisant et en relisant ces passages, je me disais : il
faudrait les verser au débat humiliant qui se déroule un
peu partout sur la passivité des victimes juives; il
faudrait les citer la prochaine fois que quelqu'un
demandera pourquoi les Juifs se sont laissé emmener
« comme des moutons à l'abattoir. »
    Et je me disais aussi : la prochaine fois que les
sceptiques lanceront leurs accusations habituelles contre les Conseils juifs des ghettos, il faudrait leur
raconter l'histoire de Riga.
    J'ai mentionné, plus haut, l'attitude courageuse du

Conseil juif de cette ville qui refusa les listes aux Allemands. Répétons-la en détail, cette histoire; elle le mérite.

« Le 29 novembre 1941, les membres du Conseil juif présidé par le Dr Blumenfeld furent convoqués à la Kommandantur II où le Sturmbannführer Brasch leur ordonna de préparer des listes avec les noms des malades, des vieux et des criminels destinés à l'évacuation, le ghetto étant surpeuplé. » Les conseillers juifs n'eurent pas besoin de se consulter entre eux autrement que par le regard. Le Dr Blumenfeld exprima l'avis du groupe : « Le Conseil ne livrera personne à la mort. Je suis médecin; toute ma vie j'ai étudié pour guérir les malades, non pour les tuer. Quant aux criminels, c'est en dehors du ghetto qu'il faudrait les chercher... »

Courageux, le Dr Blumenfeld l'était, mais il était également lucide. A l'un de ses amis, Abram Rosenthal, il dira : « Nos minutes sont comptées. Tu vivras peut-être pour accueillir des jours plus radieux. Dis à nos familles que nous mourûmes sans perdre notre foi en l'immortalité de notre peuple. Nous serons exécutés, cela est certain. Mais souviens-toi que dans un immeuble à côté, à la lumière d'une lampe à pétrole, Dubnov est en train d'écrire les dernières lignes de ses Mémoires. Pareil au chroniqueur des temps anciens, il fait son devoir. Il est convaincu, lui, que ses écrits atteindront leur destinataire. »

Ailleurs, des dirigeants communautaires juifs eurent à faire face à des situations similaires. A Varsovie, Adam Tcherniakov choisit le suicide. A Lodz, Mordecaï-Chaïm Rumkowski opta pour la docilité et la collaboration. Aidés ou non, les tueurs tuaient et les Juifs disparaissaient.

Ceux de Riga furent assassinés dans la forêt de Rumboli. Un survivant raconte la scène suivante : Quelques centaines de Juifs attendent la mort; ils sont calmes, étrangement recueillis, presque insensibles aux bruits que font les tueurs; soudain quelqu'un se met à gémir, à pleurer, d'autres l'imitent; maintenant la foule tout entière est secouée par le désespoir; alors une certaine Mme Malkin grimpe sur un tronc de sapin et réclame le silence : « Soyons calmes, dit-elle. Les monstres ne méritent pas nos larmes. Nous sommes juifs, soyons fiers de l'être... » Incroyable, cette scène? Elle fut attestée par plusieurs rescapés. Tous ajoutent que l'effet de l'exhortation fut immédiat. La foule se calma et attendit en silence que « les monstres » fissent leur travail.

Les monstres? Qui étaient-ils? D'où venaient-ils? On sait tout à leur sujet. Ils n'appartiennent point à un paysage mythique et nébuleux; ils sont le produit d'une société, d'un milieu, d'un système dont les éléments de base sont connus : rien dans leurs antécédents ne les avait prédestinés à leur métier de bourreau.

Membres de l'Einsatzgruppe A, ils semaient destruction et mort dans les pays baltes. Avant d'arriver à Riga, ils avaient déjà liquidé 125 000 Juifs. C'étaient des spécialistes. Autrement dit : ils savaient ce qu'ils allaient faire, ce qu'ils faisaient et ce qu'ils avaient fait. Jour après jour, de ville en ville, de ghetto en ghetto, ils traquaient les grandes masses juives et, employant leurs méthodes éprouvées, les faisaient disparaître dans des fosses communes.

Ayant étudié les quatre Einsatzgruppen A, B, C, D, l'historien Raul Hilberg découvrit que leurs officiers étaient pour la plupart des « intellectuels ». Pas des pervertis sexuels ni des criminels invétérés. Un médecin, un chanteur d'opéra, un prêtre défroqué, des avocats, beaucoup d'avocats. Constatation déroutante, terrifiante : ces tueurs possédaient des diplômes universitaires. Autrement dit : tout ce qu'ils avaient pu absorber, dans les différentes écoles et instituts de hautes études, en matière de culture, ne les avait en rien empêchés d'assassiner des hommes, des femmes, des enfants; leur éducation ne leur servait pas de bouclier. Ils pouvaient donc admirer un tableau de maître, savourer un beau poème, apprécier la finesse d'une réflexion philosophique et, en même temps, abattre des milliers et des milliers d'êtres humains.

J'aimerais savoir ce que Shimon éprouvait en se retrouvant devant son assassin pour la dernière fois. J'aimerais savoir si sa foi en l'esprit humain était demeurée la même, si sa foi en la culture, en la civilisation et en l'éducation était restée inchangée. Bien sûr, je ne le saurai jamais. En général, dans ce domaine, plus je lis et moins je sais. L'Holocauste, à la limite, signifie le triomphe du non-savoir. Toutes les questions issues de Riga, nous les retrouvons dans les autres cités et les autres ghettos. Nous en avons formulé plusieurs, plus haut. Reprenons-les. Elles sont liées au problème de la connaissance, ou si l'on veut du savoir.

Les tueurs savaient-ils? Là, la réponse est facile. Oui, ils savaient. Nul doute là-dessus. Avant de tuer, ils se préparaient à tuer. Dès l'instant où ils étaient incorporés aux bataillons spéciaux de la mort, ils savaient parfaitement à quoi s'en tenir. Ils savaient que leur mission officielle et précise était de suivre le front de près afin de surprendre les masses juives et de les

exterminer avant qu'elles ne puissent prendre la fuite.
Entraînés, équipés et motivés comme des combattants,
ils savaient pourtant que leur devoir n'était pas de se
battre mais de tuer. Et ce devoir, ils tenaient à bien
l'accomplir. Ils en étaient fiers. On le sent en lisant
leurs rapports à Berlin. Statistiques, courbes, analyses :
ils tiraient vanité et honneur de leurs succès.

Et les victimes? Dans quelle mesure peut-on dire
qu'elles savaient ce qui les attendait? On ne le peut
pas. Il y a un abîme entre connaissance et expérience.
On savait à Riga en 1941, on ignorait à Sighet, en
1944. En un certain sens, les vivants ne pouvaient pas
savoir, ne voulaient pas savoir. Au bord de la fosse
commune, un instant avant de tomber sur les cadavres,
l'homme ou la femme pensait que c'était un cauchemar, car l'humanité ne pouvait choir si bas, et sûrement pas en plein vingtième siècle!

Cependant, il y avait des endroits où groupes et
individus savaient et s'efforçaient de faire savoir.
Convaincus que le monde libre n'était pas au courant,
ils sacrifiaient leur vie à faire passer renseignements,
documents, lettres, photos, de l'autre côté des barbelés,
afin d'alerter les Alliés. Si les prisonniers avaient su
que le monde libre était au courant et qu'il ne faisait
rien pour arrêter le bourreau, ou du moins le prévenir
solennellement du châtiment à venir, ils auraient déses-
péré de l'humanité. Le fait est que, dans les capitales
du monde libre, on était informé. Et cela, à tous les
niveaux de la société. Auschwitz et Tréblinka figurent
dans les dossiers d'État aussi bien qu'à la première
page des journaux. Et pourtant, malgré les plaidoyers
pathétiques des victimes, les voies de chemin de fer
allant à Birkenau n'ont pas été bombardées.

Et Dieu dans tout cela? Savait-il la métamorphose que sa création subissait? Voulait-il la modifier de bout en bout, de fond en comble? Pourquoi se taisait-il? Comment interpréter Son silence? Comme un signe de faiblesse? de dégoût peut-être? Comme un avertissement?

Là encore, j'avoue que je ne sais pas. Que je ne comprends pas. Et Dubnov? Serait-il revenu à la religion de ses ancêtres seulement pour se heurter à son mystère angoissant? Je ne l'ai jamais davantage aimé et admiré qu'à ce moment-là. En s'en allant, il nous laissa non seulement ses connaissances, acquises tout au long d'une existence laborieuse, mais aussi les interrogations qui, peut-être malgré lui, en découlent. Il nous appartient de les assumer toutes ensemble pour en faire appel à l'humanité; sans elles, cet appel manquerait de justification et de vérité.

## 2

## LE GHETTO DE LODZ

Fascinant, troublant, déprimant : ce livre * révèle des faits obscurs dans un contexte d'événements connus, et pose des questions angoissantes auxquelles je n'ose pas fournir de réponses. D'ailleurs, si j'ai appris quelque chose de la littérature dite concentrationnaire, c'est qu'elle nie les réponses, toutes les réponses.

Prenez le ghetto de Lodz, le deuxième de Pologne, tel qu'il apparaît dans ces chroniques : comment expliquer son agonie ? ou la passivité, l'aveuglement de ses habitants ? ou la complicité apparente de certains de ses dirigeants ? Pourquoi n'y a-t-il pas eu de mouvements de révolte comme il y en avait eu à Varsovie, à Bialystok, à Vilno ? Comment se fait-il qu'il n'y ait eu aucune tentative d'organisation, pour résister ou fuir ? à qui la faute ? à Rumkowski seulement ? à sa police oppressive ? Hannah Arendt et Bruno Bettelheim auraient-ils raison de juger – et de juger sévèrement – ces fonctionnaires juifs qui inconsciemment, involontairement peut-être, aidèrent leurs ennemis à condition-

---

* La *Chronique du ghetto de Lodz,* parue aux Éditions de Yale University.

ner tout un peuple pour le diriger vers la mort?

Ces problèmes douloureux figurent, à des niveaux différents, dans presque tous les ouvrages traitant du temps des ghettos. Mais ici, ils revêtent une importance plus grande. C'est que Lodz ne fut pas un ghetto comme les autres; et ces chroniques ne sont pas comme les autres.

Ailleurs, elles furent tenues par des individus, qualifiés ou amateurs, qui un beau matin décidèrent d'entrer dans l'Histoire en portant témoignage. Tous semblent partager l'obsession du grand historien Shimon Dubnov qui, dans le ghetto de Riga, poussa ses compagnons d'infortune proches et lointains à tout noter, tout retenir, tout raconter. Emmanuel Ringelblum et ses amis, Chaïm Kaplan l'instituteur, le rabbin Shimon Huberband : grâce à eux nous voyons le fonctionnement du système d'extermination nazi. Il visait à rétrécir l'univers juif : la ville devenait quartier, le quartier se transformait en rue, la rue en maison, la maison en chambre, la chambre en grenier, le grenier en wagon, le wagon en cellule à gaz. De même pour les êtres humains : la personne se transformait en permis de travail, le permis en numéro, le numéro en cendre. Projet démoniaque sans précédent dans les annales de l'humanité, il fallait le dévoiler par devoir envers les morts. Anne Frank, Moshé Rubinowicz, David Flinker : des adolescents, des enfants éprouvaient eux aussi le besoin de décrire la lâcheté des spectateurs, le crime des indifférents, la solitude des victimes, la puissance et le règne du mal. Il y avait des « historiens », des témoins, des chroniqueurs partout, il y en avait jusqu'à l'intérieur des Sonderkommando, à Birkenau. Des hommes, plus malheureux que tous les autres, plus à plaindre aussi, avaient atteint le sommet de la démence et les limites de l'endurance : leur tâche était de brûler leurs frères. Jour après jour, nuit après nuit, ils alimentaient les flammes où quelques semaines après, à leur tour, d'autres prisonniers allaient les jeter. Et pourtant, indépendamment les uns des autres, sans se consulter, ils trouvèrent la force et la foi d'écrire, de laisser quelques traces dans la cendre. Il faut lire et relire leurs Journaux, édités par Berl Mark. Scènes frémissantes d'horreur, bouleversantes de vérité : en les lisant, la raison se met à vaciller.

Peut-être était-ce l'objectif de tous les chroniqueurs : forcer l'homme à douter de lui-même? Était-ce pour cela que, dans leur royaume maudit du massacre organisé, systématisé et scientifiquement perfectionné, ils avaient ressenti la nécessité de mettre en paroles leur peur, leur peine, leur désespoir?

Lodz demeure un cas à part. Les chroniqueurs de Lodz travaillaient en équipe. De plus, ils appartenaient à l'organisme officiel du ghetto; ils possédaient des bureaux, des salaires, des statuts, des titres, des protecteurs. Créé par Mordechaï-Chaïm Rumkowski, l'Ancien des Juifs, le département des Archives fonctionna durant les 1 287 jours de l'existence convulsive du ghetto. Historiens, écrivains et journalistes en firent partie. A l'exception d'un seul, tous moururent. Leur projet eut plus de chance. Les documents, écrits en polonais et en allemand, miraculeusement protégés et retrouvés, furent sélectionnés et édités avec tact et talent par un expert. Originaire de Lodz et survivant de son ghetto, Lucjan Dobroszycki parle et laisse parler les chroniqueurs en connaissance de cause. Sa présentation des textes et des annotations semble objective et scrupuleusement véridique. Il ne justifie ni ne

condamne, sauf quand il s'agit des tueurs eux-mêmes.
En général, il ne fait que tourner les pages.

Pages atroces où les anecdotes voisinent avec les faits
indicibles. Une nouvelle sur la météo précède une
information sur cinquante-six personnes mortes de
faim. La chronique rapporte toutes les rumeurs du
monde, mais omet l'offensive allemande contre la
Russie ou l'insurrection du ghetto de Varsovie. Comme
si un autre ordre avait été instauré, se substituant à
celui de la création. Ici, les choses ont une valeur
différente, et les mots un sens différent.

D'ordinaire, chaque chronique quotidienne se lit
comme un rapport policier bref et précis : tant et tant
de crimes, de naissances, de morts, de visites, de
discours; le nouveau prix du pain, la ration nouvelle de
pommes de terre; les choses à faire et à ne pas faire; les
activités culturelles, les métamorphoses sociales, les
tragédies familiales; les décrets anodins suivis des
ordonnances fatidiques sur l'évacuation : lentement,
inexorablement, le ghetto sombre dans la nuit comme
on sombre dans la folie, avec le sentiment irréel de
traverser un interminable cauchemar.

Tout y semble déréglé. Les enfants sont des vieillards; les vieillards désarmés, impuissants, vulnérables,
se comportent comme des enfants. Le ghetto en lui-
même constitue un crime contre l'humanité, mais à
l'intérieur des murailles la police juive arrête des
« criminels » et les « juges » les mettent en prison. Les
cadavres « font la queue » pour se faire enterrer, mais
les salles de concert sont bondées. La faim fait des
ravages, mais à Pâque on s'arrange pour manger la
*matza*. La fatigue terrasse les gens, mais on jeûne le
Yom Kippour. Ceux qui n'en peuvent plus, et ils sont

de plus en plus nombreux, se donnent la mort; ils occupent une place, une rubrique permanentes dans la chronique. D'habitude, le motif est indiqué : maladie, résignation, dépression nerveuse. Une femme qui refuse de survivre à son mari, un père à son enfant. La peur de la solitude, du départ, de l'inconnu. Trait d'humour? Il arrive que le chroniqueur signale un suicide et dit en ignorer le mobile.

Vu du dehors, lu après, tout cela paraît incompréhensible. Khelmno n'est pas loin; le ghetto ne sait-il donc pas ce qui s'y passe? Ces trains qui emportent vieillards et malades – les « inutiles » – et qui reviennent vides : est-il possible qu'ils ne fassent pas peur? Ils font peur, mais la vie doit continuer; et elle continue. La population du ghetto décroît régulièrement, son horizon se rétrécit, s'assombrit et pourtant – est-ce une preuve de vitalité? un aveu de faiblesse peut-être? – après chaque opération meurtrière, après chaque rafle, après chaque catastrophe, les survivants se regroupent, reprennent leurs habitudes, célèbrent des mariages, vont aux récitals de musique et s'installent dans l'attente démoralisante, soutenus par des illusions que rien ne peut déraciner.

Est-il possible que les habitants du ghetto n'aient pas été au courant de ce qui les menaçait? Au début, peut-être. Le ghetto comptait 165 000 personnes et la population se laissa persuader par la logique réaliste de Rumkowski que, pour survivre, il fallait se rendre utile aux Allemands; que pour échapper au bourreau, il fallait bien le servir. Mais à partir de 1942 et des déportations massives, il devint impossible de ne pas savoir la vérité. D'ailleurs, il suffit de lire attentivement les chroniques pour s'en rendre compte : les

convocations au départ n'avaient plus d'effet. Les gens
se cachaient. La police, listes en main, devait les
pourchasser.

La police? Laquelle? Juive, malheureusement. Elle
exécutait les ordres de Rumkowski qui, lui, exécutait
les ordres des autorités allemandes. Personnage troublant, ce « roi » dont le destin est si bien raconté en
yiddish dans le roman de Hava Rosenfarb et en anglais
dans celui de Leslie Epstein. Comme Tcherniakov à
Varsovie ou Gens à Vilno, il pensait sans doute servir la
communauté juive en s'interposant entre elle et les
Allemands. Malheureusement, il se prit au sérieux et
perdit tout sens critique à l'égard de lui-même. Il se
laissa aller à des excès qui firent de lui une sorte de
dictateur loufoque et détestable. Toutes les institutions
officielles dépendaient de son autorité; rien ne se faisait
sans son consentement. De plus, il fit imprimer des
timbres-poste à son effigie, il frappa des pièces de
monnaie, nomma des tribunaux. Entouré de sa cour et
de ses gardes du corps, il se promenait dans le ghetto
comme dans son royaume. Le jour de son mariage, il
décréta une « amnistie ». Se prenait-il pour un sauveur,
un faux messie? Croyait-il vraiment qu'il avait le droit
moral, le pouvoir réel de sacrifier les uns pour les
autres, de se débarrasser des malades, puis des enfants,
pour assurer la survie des vivants? Tcherniakov eut le
courage de se suicider, pourquoi Rumkowski choisit-il
de garder le pouvoir, ou plutôt la caricature du
pouvoir? Les pages les plus troublantes traitent de ses
manies de grandeur. Ses décisions étaient sans appel,
ses discours réclamaient une confiance totale en son
jugement, en sa personne. Le bien-être, sinon le salut,
d'un ouvrier et de sa famille dépendait de sa bonne

humeur; un mot de lui pouvait extraire un homme du convoi des condamnés. C'est sur ses ordres que les listes d'évacuation devaient être établies – car, à Lodz, les Allemands envoyaient les Juifs à Khelmno en consultant des listes; et ces listes furent préparées par les services juifs. Est-il possible que Rumkowski, instrument privilégié des Allemands, fût devenu, comme eux, insensible à la souffrance des Juifs?

Sujet difficile, déroutant, complexe : comment comprendre un Rumkowski, comment le justifier? Même si ses intentions avaient été bonnes au début, il aurait dû reconnaître son erreur le jour où les Allemands lui demandèrent de dresser des listes, de trancher dans la chair vive du ghetto, de jouer le bon Dieu et de décider, à la place des tueurs, du sort de leurs victimes. C'est lui qui est responsable de l'absence de tout mouvement de résistance à Lodz. Philosophiquement opposé à toute idée de révolte, il prêcha la collaboration et la pratiqua. Certes, il faut faire la part des choses. Entre sa faute à lui et les crimes des tueurs, il y a une différence non de degré mais de nature. En insistant sur la collaboration d'un Rumkowski, on risque de diminuer la culpabilité des vrais coupables. Après tout, Rumkowski était juif donc condamné à mort : or, on reconnaît aux condamnés à mort des circonstances atténuantes. On pourrait citer, par exemple, les communistes résistants qui, dans les camps, sauvaient leurs camarades de la mort en les remplaçant, sur les listes, par des mourants, des malades, ou des inconnus. Et nul ne le leur reproche.

Peut-être est-ce absurde et enfantin, mais ce que je trouve gênant et révoltant chez Rumkowski et ses acolytes, c'est le luxe dans lequel ils vivaient dans le ghetto. La chronique nous en fournit des détails. Les

« dignitaires » mangeaient bien et dormaient sans crainte. C'est avec honte que je lis dans la chronique que Rumkowski et ses proches possédaient des maisons de campagne. Ils y allaient « se détendre », alors que la mort semait le deuil sur le ghetto où, en janvier 1945, l'Armée Rouge ne trouva que 970 Juifs encore en vie.

Par ailleurs, comment porter un jugement sur un monde clos où tous les habitants étaient morts mais ne le savaient pas? Le devoir du témoin, n'est-ce pas de témoigner, non de juger?

Il y a, dans les chroniques de Lodz, des morts, beaucoup de morts; et c'est leur jugement que le monde d'aujourd'hui devrait redouter.

# 3

# DES VOIX DANS LA NUIT

Ces « rouleaux sacrés », écrits par des êtres malheureux et maudits dans leur prison de cendres, je ne sais comment les préfacer. Je ne sais même pas si j'en ai le droit. Au nom de quoi m'interposerais-je ainsi ? Je ne peux que me situer par rapport à leur histoire.

Il me souvient : il est minuit et nous venons de débarquer à Birkenau, ce royaume étrange et oppressant qui semble exister en dehors du temps, au-delà de la création. Les barbelés suggèrent l'infini, les flammes l'éternité. Comme en rêve, je m'arrache aux miens ; comme en rêve, je me sépare de mes amis, de mon enfance et de moi-même.

Tout ce que je vois, tout ce que je fais tient du cauchemar : ce n'est pas moi qui avance vers le maître des sélections, ce n'est pas moi qui vois un camion déverser sa cargaison humaine dans la fosse, ce n'est pas moi qui découvre la Mort dans toute sa puissance, non, ça ne peut pas être moi ; si c'était moi, j'en perdrais la raison.

* Préface aux *Voix dans la nuit*, Éd. Plon.

En vérité, la scène est tellement irréelle qu'elle relève de la démence. Nous sommes tous nus et n'osons regarder devant nous. Pudeur enfantine, déplacée? J'ai honte. Quelqu'un murmure : Voilà ce qui reste du dernier convoi de Sighet. Voilà ce qui reste de Sighet. « Imbéciles, pourquoi êtes-vous venus? » nous demande un surveillant. Quelqu'un lui répond : « On ne savait pas, on ne pouvait pas imaginer, on n'avait pas le choix. » Furieux, le surveillant se met à cogner. Et moi je le regarde sans comprendre : quand vais-je me réveiller?

Brusquement, c'est le silence. Un SS apparaît. Instinctivement nous reculons. A son approche, le bloc humain se disloque. Sans dire un mot il désigne un homme robuste, puis un autre : il en choisit une dizaine et leur ordonne de le suivre. Je ne le sais pas encore, je ne tarderai point à l'apprendre : ces hommes allaient connaître un sort pire que le nôtre.

Parfois, au camp, nous en parlions à voix basse avec un mélange d'effroi et de pitié. Nous connaissions la nature de leurs fonctions, au Sonderkommando. L'un d'eux avait réussi à nous faire parvenir un petit bout de papier nous racontant la fin de Sighet : les malades et les vieillards, les fous et les enfants de ma ville, c'est lui et ses camarades qui avaient brûlé leurs cadavres.

Des rumeurs bizarres circulaient à leur sujet : ils habitaient un enclos à part, dans un monde à eux; bien nourris, le visage et le corps couverts de suie, ils faisaient peur à voir; ils avaient la démarche lourde, les yeux éteints de déments que rien ne peux atteindre. On disait qu'ils avaient perdu jusqu'à l'apparence humaine. A quoi pensaient-ils? Étaient-ils encore capables de penser, de sentir, de réagir? Vivaient-ils seulement? A force de côtoyer la mort, n'avaient-ils pas changé d'espèce? Je les imaginais de *l'autre côté* de l'existence, de la mémoire, de *l'autre côté* de l'expérience, du langage et de la création; je les imaginais hallucinants et hallucinés, habités par une connaissance première et ultime que jamais nous, les vivants, n'arriverions à pénétrer; je les pensais de *l'autre côté* de la vie, de la foi en Dieu, et même de Dieu.

Je songe à eux, mes Juifs disparus de Sighet, en étudiant ces récits, et surtout la seconde partie. Je me rends compte que j'ai peur, comme j'avais peur jadis, là-bas.

Je l'ignorais à l'époque, je le sais aujourd'hui : l'enfer n'est pas le même partout. Il existe mille façons de subir la terreur et d'attendre la mort. Brûler des cadavres est parmi les plus cruelles. Le Sonderkommando brûlait des cadavres. Les tueurs allemands tuaient et les fossoyeurs s'emparaient des victimes et les jetaient dans les fours. Puis, au bout de quelques semaines, les tueurs s'emparaient des fossoyeurs et les faisaient remplacer par des nouveaux arrivants. Et le ciel là-haut devenait cendre.

Et en bas, au camp, nous nous demandions : comment un être humain peut-il faire ce travail-là sans s'avilir, sans éprouver haine et dégoût envers lui-même? Nul ne pouvait y répondre pour la simple raison qu'un abîme séparait les fossoyeurs de nous autres détenus. Nous ne pouvions pas les comprendre. Je ne les comprends toujours pas, et pourtant, j'ai lu depuis tant de Journaux et de récits que certains d'eux nous ont légués.

J'en ai lu des extraits en yiddish lors de leur découverte dans les années 60; je les relis maintenant en traduction française. Une fois la lecture achevée, je me sens incapable de toucher à un autre ouvrage ou de faire autre chose. Je me renferme et j'écoute les chroniqueurs du Sonderkommando : Zalman Gradowski, Zalman Lewental et Leib Langfus. Et c'est comme si je les voyais devant moi : chacun son style, sa langue, sa colère. Ce qu'ils ont en commun, c'est un besoin irrésistible de déposer pour l'Histoire et, aussi, parfois, de se justifier devant elle. « ... Toutefois au camp nous nous sommes profondément entendus sur la nature du destin et mieux encore sur notre *devoir,* dit Zalman Lewental. Nous nous sommes, il est vrai, longuement consultés pour décider s'il fallait encore continuer cette vie... Nous avons décidé que, chacun de nous, il ne fallait pas *rester passifs* et qu'un but devait être fixé. » Le but? préparer l'insurrection, rédiger faits et impressions, noms et chiffres de communautés englouties, bref : assumer leur condition double de victimes et de témoins.

Mais comment ont-ils fait pour aligner des mots et raconter? Puisqu'ils tenaient à déposer, c'est qu'ils croyaient en la valeur du témoignage, c'est qu'ils croyaient en l'homme et en son avenir : face au feu, face aux montagnes de cadavres, comment s'y étaient-ils pris pour croire qu'un jour l'humanité se souviendrait d'eux sans les condamner?

« Chercheur, dit Zalman Gradowski, fouille partout, sur chaque parcelle de terrain. Des documents, les miens et ceux d'autres personnes, y sont enfouis, qui

jettent une lumière crue sur tout ce qui s'est passé
ici... »

Ces documents, c'est le cœur serré que je les relis : il
y a dans ces récits et appels poignants, bouleversants,
quelque chose qui m'échappe : ces êtres respirent
l'épouvante et pourtant tentent d'agir sur l'événement ;
ils sont réduits à l'esclavage sous toutes ses formes et
organisent néanmoins réseaux et plans d'évasion ; ils
traînent des cadavres du matin au soir, ils savent tout et
voient tout, ils assistent à l'anéantissement de mille et
mille communautés, mais ils trouvent en eux-mêmes la
force de réciter des prières, de songer à l'amitié et à
l'amour, de faire acte de solidarité et de fidélité : ils
sont *dans* la mort et pourtant ils sont restés
humains.

Ils connaissent l'angoisse et le doute, la nostalgie
et le remords, ils connaissent même l'espoir : c'est
pourquoi ils s'arment, c'est pourquoi ils écrivent.
Leur obsession : résister au bourreau en combattant
l'oubli. « Il faut que les hommes sachent et se souviennent, il le faut. » La cruauté méthodique et
meurtrière des tueurs, l'agonie lente et lucide des
victimes, la générosité des enfants, le courage des
jeunes filles dans les chambres à gaz : il faut que les
générations futures sachent. « Souvenez-vous que
nous allons à la mort avec beaucoup de fierté et en
parfaite conscience », dit une jeune Juive polonaise
aux membres du Sonderkommando. Leib Langfus l'a
entendue. Comme il a entendu les Juifs et les Polonais chanter leurs hymnes nationaux. Et le chroniqueur de conclure : « Les hommes exhalèrent leur vie
par le chant et par l'extase, dans un rêve de frater-
nité et de reconstruction du monde. » Pauvres mora-

listes : pouvaient-ils prévoir qu'une génération après Birkenau, le fait de Birkenau serait nié ou dénaturé par des esprits vils et moralement perturbés?

Haïs, abandonnés et trahis par la société tout entière, même par les résistants du camp principal d'Auschwitz, les membres du Sonderkommando demeurent humains jusqu'au bout. Voilà en quoi ils nous deviennent proches. Ils veulent comprendre et n'y arrivent guère. Le mystère du mal absolu, le besoin de faire mal, de faire souffrir, la volonté de vivre, de s'accrocher à la vie, même si c'est faire un pas de plus vers le désespoir, cela ne s'explique pas. La marche des victimes vers l'autel, les enfants consolant leurs parents, le sourire d'un petit garçon affamé et les larmes muettes de sa mère terrifiée, humiliée, hébétée; les masses humaines qui sombrent dans la nuit enflammée et meurent avant de mourir : dans l'univers d'Auschwitz tout est mystère.

Lisez ces « rouleaux sacrés ». Il est essentiel que vous écoutiez les voix hachées et étouffées de nos trois chroniqueurs. Aucun document ne contient autant de questions; aucun volume n'a été composé avec plus de rigueur ou de lucidité. Les ratures, les blancs eux-mêmes ont leur importance; et leur poids symbolique. Les manuscrits étant endommagés – par l'humidité, la terre et le temps – nous ne saurons jamais tout ce qu'un Zalman Lewental voulait nous communiquer. D'Auschwitz on ne saura jamais tout. Certaines expériences ne se communiquent pas, et sûrement pas par la parole. Seul celui qui a vécu Birkenau se souviendra de Birkenau. Quiconque n'a pas vu ses amis partir pour devenir fossoyeurs ou fumée, jamais ne comprendra pourquoi la vue d'une simple cheminée d'usine nous fait respirer plus vite.

Les récits que voici, c'est à court d'haleine que vous les lirez : ils ne vous lâcheront plus.

# DIALOGUES

## 1. Un enfant et la meute

— *Pourquoi me poursuivez-vous?*
— Tu es seul; nous sommes contre les enfants solitaires.
— *Et quand je grandirai? Me laisserez-vous tranquille? Quand je serai grand?*
— Tu ne grandiras pas.
— *Pourquoi pas?*
— Quelque chose en toi nous irrite.
— *Que vous ai-je donc fait?*
— Rien. Tu ne nous as rien fait.
— *Je ne vous connais même pas.*
— C'est vrai, tu ne nous connais pas.
— *Et vous? Vous me connaissez?*
— Nous ne te connaissons pas.
— *Mais alors, pourquoi me pourchassez-vous?*
— Tu nous gênes. Tu nous mets mal à l'aise.
— *Et si je vous promets de m'écarter de votre chemin?*
— Tu continueras à nous gêner.

— *Je me cacherai.*

— Nous sommes partout.

— *Et si je vous jure de ne plus vous regarder? De devenir aveugle?*

— Tu ne nous échapperas pas. Les aveugles sont dangereux; ils voient ce que nous ne voyons pas.

— *Et si je meurs, je ne vous gênerai plus?*

— Tu es intelligent. C'est parce que tu es si intelligent que nous te traquons. Malheureusement, toi et les tiens, même morts vous ne cessez d'être intelligents.


— *Qu'avez-vous fait de mon père?*

— Tu es trop petit pour savoir.

— *Qu'avez-vous fait de ma mère?*

— Tu es trop jeune pour savoir.

— *Et mes grands-parents, que sont-ils devenus?*

— Ils étaient vieux, tu as tort de t'attacher à des vieillards.

— *Et ma petite sœur, où est-elle?*

— Tu es vraiment trop curieux pour ton âge.

— *Qu'avez-vous fait d'elle? Qu'avez-vous fait de ma petite sœur? Je l'aime, vous savez. Je l'aime comme je n'ai jamais aimé personne. Si je ne l'aimais pas, elle, je ne serais plus capable d'aimer.*

— Nous le savons.

— *Je lui ai promis de la défendre, de la protéger.*

— Nous le savons.

— *Mais alors, pourquoi nous avez-vous séparés?*

— Parce que nous le savons.

— *Cela vous amuse-t-il de séparer les gens?*

— Beaucoup.

– *Vous n'êtes pas des humains. Vous n'êtes qu'une muraille.*
– Une très haute muraille.
– *Les murailles s'effondrent. C'est dans la nature.*
– Pas la nôtre. La nôtre est plus forte que la nature. Elle touche le ciel. Et nous montons plus haut encore.
– *Eh bien, moi je vous dis que votre muraille va s'effondrer. Bientôt. Voulez-vous savoir pourquoi? Elle est érigée sur des petits enfants juifs. Un jour, ils finiront par bouger.*
– Tu dis des bêtises. Les enfants juifs sont tous morts.
– *Les enfants juifs morts se mettront à bouger, c'est moi qui vous le dis.*

– *Et si je vous promets de vous oublier, me relâcherez-vous?*
– Tu pourrais?
– *Vous oublier? Pourquoi pas. Il me suffit de songer à autre chose et, hop, vous n'êtes plus là. Il me suffit de me rappeler le beau visage grave de mon grand-père, le sourire bouleversant et bouleversé de ma grand-mère pour que vous soyez tous couverts de poussière. En vérité, malgré votre force, vous êtes plus faibles que le plus petit des enfants juifs. Il ne dépend que de lui ou de moi que vous cessiez d'exister.*
– Tu veux rire.
– *Je n'ai pas envie de rire. Pas maintenant. Pas tant que vous dominez mon paysage. Partez, laissez-moi partir, et je rirai.*

– Pour l'instant, c'est nous qui rions.

– *Votre rire sonne faux.*

– Sacré petit youpin. Tu as des pouvoirs? Nous n'arrivons pas à rire. La gorge trop sèche sans doute.

– *La gorge? Et le palais. Et le cœur. Le cœur surtout. Vous n'habitez pas le désert, c'est le désert qui vous habite. C'est pourquoi vous avez besoin d'enfants juifs : pour arroser votre vie stérile. Pour vous donner le sentiment d'être encore en vie.*

– Tu t'exprimes en sage, petit. Non : en vieillard. Tu parles comme quelqu'un qui a déjà vécu; comme quelqu'un qui va mourir.

– *Mais alors, vous mourrez avec moi. Vous ne vivez que parce que je vous accueille dans ma mémoire. Si je vous en refoule, vous êtes perdus. Voilà votre erreur : vous comptez nous suivre, nous remplacer, nous survivre, or, en provoquant notre mort, vous justifiez la vôtre.*

– Ne sois pas insolent. Tu es notre prisonnier.

– *C'est vous les prisonniers. Vous êtes les morts de notre mémoire et vous le resterez à tout jamais, à tout jamais.*

2. Un homme et la parole

– *Pourquoi me fuis-tu?*

– Je suis occupée.

– *J'ai besoin de toi.*

– Tant pis. Cherche ailleurs.

– *Pourquoi ce ton sarcastique? Tu veux me blesser?*

– Blesser est un mot qui ne te convient pas; raye-le de ton vocabulaire.

– *Qu'est-ce qui te prend? Rayer des mots, moi? J'aime les mots et tu le sais bien.*

– Je n'en ai mentionné qu'un. Efface-le. Jusqu'à présent c'est plutôt toi qui as causé des blessures; elles ne se laissent pas oublier.

– *Lesquelles?*

– Tu as parlé lorsqu'il ne le fallait pas.

– *Qu'est-ce que j'ai dit?*

– Tu n'aurais pas dû le dire.

– *Ai-je employé des mots interdits? Ai-je trahi le sens d'une pensée qui ne m'appartient pas? Ai-je insulté quelqu'un? Ai-je blasphémé? Des noms, j'exige des noms!*

– Tu ne penses qu'à des personnes, à des êtres; moi, tu m'oublies. Tu agis comme si je n'étais pas près de toi, en toi, comme si je ne comptais pas. Or, qu'aurais-tu fait sans moi? Comment aurais-tu fait pour prolonger tes souvenirs dans le verbe et la prière? Si tu te fais entendre, c'est grâce à moi; c'est grâce à moi que le monde t'est intelligible. Ingrat, tu m'as offensée!

– *Mais... en faisant, en disant quoi?*

– En cédant à la tentation du verbe; tu aurais dû résister.

– *Qu'aurais-je dû faire? Me taire? Faire taire en moi les voix qui m'appellent? Qui me poussent à la révolte?*

– Peut-être.

– *Mon silence t'aurait offensée.*

– Possible.

– *Et provoquée.*

– Peut-être. Il se fait que j'aime les provocations.

Et j'aime le silence, je veux dire celui qui provoque.

— *Je ne te suis plus.*

— Tu m'opposes au silence, tu as tort. L'opposé de la parole n'est pas le silence mais l'apathie. Nous nous entendons bien, le silence et moi. L'un ne saurait s'épanouir sans l'autre; c'est dans l'autre que nous trouvons notre justification.

— *Et moi, là-dedans?*

— Ton rôle c'est de recevoir. Or, tu as voulu me dominer, puis m'emprisonner. Au lieu de me libérer, tu as tenté de m'enchaîner. Tu as fini par me mutiler en m'adaptant à des situations trop variées. Résultat : tu n'es plus mon allié. Tu t'es tourné contre moi. Tu finiras par te tourner contre toi-même. Tu finiras par te haïr. Ce ne sera que justice. Tu m'as fait trop de mal.

— *Mais je t'aime, moi!*

— Cela n'a rien à voir.

— *Mais admets au moins que tu sais que je t'aime! Les contours de mon univers, c'est toi qui me les dessines. C'est toi qui traces les limites de mon espérance. C'est toi, encore, qui façonnes mon désarroi et ma colère.*

— C'est vrai. Tu as besoin de moi. N'empêche que tu me blesses. Tiens, un cas précis : te souviens-tu du matin, où dans un cimetière inconnu, tu t'es mis à chercher la tombe de ton père?

— *Il m'en souvient.*

— Pourtant tu savais parfaitement bien que ton père ne possédait guère de tombe.

— *Je le savais.*

— Pourtant tu la cherchais.

— *Pouvais-je agir autrement, dis? La tombe de mon père, je la cherche encore. Je n'arrêterai jamais de la chercher. Partout où je me rends, j'espère la découvrir.*

— Tu dis « partout ». La cherches-tu en toi-même?
— *Oui.*
— En autrui?
— *Oui.*
— En moi aussi?
— *Naturellement...*
— ... Je ne suis la tombe de personne, moi. La mémoire oui, la sépulture non! Chacun de mes mots contient tous les autres. Chacun constitue un début d'histoire, une indication, un signe, une offrande si tu en as besoin. Si tu pouvais interroger puis écouter ce que ce mot cache, tu connaîtrais le mystère des mystères : celui du commencement. Et toi, tu en fais une tombe?
— *Il y a des tombes qui dissimulent des trésors.*
— Lesquelles? Celles qui ont été conçues, creusées, construites comme des tombes. Celles-là, chez certains peuples anciens, peuvent offrir des richesses aux amateurs. Mais moi, que je sache, je n'ai pas été créée pour servir de tombe aux morts. On m'a créée, moi, pour servir la vie et les vivants. Pour les guider et les accompagner dans leur marche, et non pour les paralyser.
— *Je te demande pardon.*
— Tu te repens?
— *Oui.*
— Tu ne recommences plus?
— *Je ne sais pas.*
— Tu ne sais pas?
— *Je vais essayer de ne pas te blesser, mais je continuerai à chercher la tombe de mon père. Tu ne comprends pas? Les morts ne peuvent pas se passer de*

*sépulture. Si mon père en avait une, je saurais comment agir.*

— Que ferais-tu?

— *Je l'appellerais.*

— De quelle manière? Avec des mots? avec des larmes?

— *Je ne sais pas.*

— Tu ne l'as jamais appelé?

— *Oui. Souvent. Tout en moi l'appelle. Mais il ne répond pas. Et c'est ta faute. Tu t'interposes entre lui et moi. Tu l'empêches d'entendre, de venir.*

— Tu recommences?

— *Oui. Je recommence. Les morts ont besoin d'un cimetière. Il m'arrive d'imaginer six millions de morts à la recherche d'un cimetière. Et je sens ma raison vaciller.*

— Continue.

— *Je me mets à hurler et pourtant je ne dis rien. Je crie et pourtant aucun son ne quitte ma bouche... Je regrette si mon silence alors t'offense.*

— Pauvre, pauvre ami. De tous les silences, celui-là m'est le plus agréable. Sache ceci : il existe un silence des morts et un autre, celui des vivants; il existe, en outre, un silence vivant et un silence mort. Et moi...

— *Toi? Toi quoi?*


3. Un vieillard et la mort


— *Tu ne me fais pas peur.*

— Pourquoi me dis-tu cela? En le disant, tu prouves le contraire.

– *Je dirais plutôt que c'est moi qui te fais peur.*

– Tu divagues. Source de la peur nue, de la peur ultime, je la fais agir sur qui je veux; j'ai rarement échoué.

– *Avec moi tu échoueras.*

– Ta certitude trahit une dangereuse arrogance, vieillard.

– *J'ai trop vécu. Tiens, si là-haut on essayait de me renvoyer sur terre, je refuserais.*

– Fatigué?

– *Sûrement.*

– Tu souhaites mourir?

– *Je suis trop enraciné dans ma tradition pour souhaiter la mort. Mais je quitterais la vie sans regret. Et sans peur.*

– Tu m'étonnes, mais tu me plais, vieillard. Quelqu'un de ton âge qui m'affronte debout, cela m'impressionne... D'habitude, les êtres humains s'allongent, rampent à mes genoux, quémandent la grâce du Seigneur pour obtenir un sursis d'un mois, d'une heure... Ah, si tu les voyais... Ils pleurent et font pleurer à chaudes larmes. Manque de dignité, tu ne trouves pas?

– *Et toi tu ne manques pas de toupet! D'abord tu les mets à genoux, ensuite tu les méprises! Tu me rappelles l'ennemi qui, de mon temps, jetait des Juifs dans la boue et les battait ensuite parce qu'ils étaient sales.*

– L'ennemi?

– *Ton allié.*

– Parce que j'arrache les vivants à la vie? Allons, reconnais que j'ai le sens de la justice. Tous tombent devant moi : les bons aussi bien que les méchants. Les

tueurs qui ont tué tes parents seront tués par moi.
Imagines-tu le monde sans moi? Le Créateur s'em-
brouillerait dans son propre ouvrage.

— *Tu n'es pas au service de Dieu, mais des hommes.*
*Le Talmud ne t'appelle-t-il pas « le messager des*
*hommes »?*

— Le Talmud, le Talmud... Il prétend aussi qu'en
disant *tov m'od* (c'est très bien), Dieu s'est référé à
moi. Alors n'essaie pas de m'épater avec ton Talmud.

— *Serais-tu capable de le tuer, lui?*

— Non, mais j'en ai tué pas mal, de talmudistes.

— *Mais leur parole est plus puissante que toi.*

— Elle m'intéresse peu. Seuls les êtres vivants m'intéressent; ils me défient, je le leur fais payer.

— *Mais tu ne gagnes pas toujours. Une légende nous*
*dit que tant que le roi David chantait, tu étais*
*impuissante devant lui.*

— Oh, un léger retard; je n'y fais pas attention.

— *Il ne s'agit pas de cela. Il s'agit de la valeur, de la*
*puissance du chant. Tant que nous chantons, tu n'as*
*point d'emprise sur nous : nous relevons d'une autre*
*autorité que la tienne. Peut-être est-ce pour cela que*
*tant de Juifs, jeunes et vieux, sont allés à la mort en*
*chantant.*

— Tu en es fier?

— *Et comment, j'en suis fier! Je suis fier de tous les*
*Juifs qui ont péri, et pas seulement de ceux qui se sont*
*battus, ni de ceux seulement qui ont su prier. De tous,*
*je me reconnais solidaire. Face au bourreau? Face à*
*toi? Ils se sont révélés humains, tristes mais humains,*
*affaiblis mais souverains, affamés mais dignes.*

— Tu ne les as pas vus.

– *J'en ai vu quelques-uns.*

– Il y en avait qui pleuraient comme des lâches.

– *Lâches, dis-tu? Parce qu'ils ont pleuré? Les lâches sont-ils les seuls à pleurer? Il arrive que l'homme pleure pour des raisons fort nobles. Toi qui as la mémoire de l'humanité, as-tu jamais vu tant de parents en deuil? Tant d'enfants torturés? As-tu jamais assisté à des pareils massacres?*

– Oui.

– *Tu mens.*

– Tu peux tout dire de moi sauf ça. Je ne mens pas. Je peux me permettre de toujours dire la vérité à mes victimes futures. Mes propos te choquent? J'ai vu tant de massacres... Je les ai tous vus... C'est mon lot, quoi : nul ne meurt sans que je sois présente. Je regarde et mon regard tue. Je respire et mon souffle creuse une hécatombe. C'est comme ça et je n'y peux rien. Alors, tu comprends, vieillard, je commence à m'ennuyer. Les morts m'ennuient; ils n'ont plus rien à m'apprendre. Vivants, les êtres m'intriguent; pas après. Enfin égaux. Tous. Pas devant Dieu, mais devant moi. A la limite je serais l'égale de Dieu pour ne pas dire que je suis Dieu.

– *Tu n'es pas Dieu.*

– En es-tu sûr? En ce qui concerne la vie et la mort, nous avons de nombreux points en commun. Si Dieu est au commencement, moi je suis à la fin de toute chose.

– *Tu n'es pas Dieu. Dieu participe, toi non. Tu ne fais qu'observer.*

– Mais le point final, c'est bien moi qui l'écris, non?

– *Non. Les meurtres, les massacres, les incendies,*

*les catastrophes provoquant la mort de vastes commu-*
*nautés, œuvre d'hommes tout cela. Pas la tienne.*

— Mais ces hommes, ne sont-ils pas mes messagers?
mes instruments? Ils sont là, parce que je les y mets; ils
font ce que je leur ordonne de faire. Et de défaire.

— *Tu te dis responsable de toutes les souffrances, de*
*toutes les agonies. Bravo. Seulement je refuse de tout*
*mettre sur toi. Du coup, les tueurs ne se sentiraient*
*plus coupables. Et les assassins se transformeraient en*
*victimes. Et les atrocités, les boucheries, les chasses à*
*l'homme, les pogroms, les montagnes de cendre*
*humaine seraient réduits à des abstractions grandilo-*
*quentes et bêtement solennelles. Eh bien, je m'y*
*oppose. Dans ce procès où il s'agit de notre destin et du*
*sens que nous lui conférons, je refuse de te juger. Dieu*
*seul te jugera. Nous, êtres humains, nous jugerons nos*
*semblables en termes humains.*

— Tu m'amuses, vieillard. Avec chaque parole tu t'es
rapproché de ta mort. Comme tu es encore en vie, tu ne
peux pas ne pas m'amuser.

— *Dis plutôt que je te fais peur. Fais attention aux*
*morts! Ils finiront par te tuer.*

4. Un enfant et un autre enfant

— Qui es-tu?
— *Je ne sais pas.*
— Qui suis-je?
— *Je ne sais pas.*
— Qui le sait?

— *Les autres.*

— Les autres?

— *Les grandes personnes.*

— C'est quoi exactement, une grande personne?

— *Quelqu'un qui donne des ordres. Qui aime faire peur. Et qui a le droit de nous tuer.*

— Ah, tu parles de nos gardiens?

— *C'est à eux que je me réfère.*

— Et ils savent qui nous sommes?

— *Ils savent tout. Ils ont tout un plan pour nous. C'est leur rôle, tu comprends, de tout prévoir. Combien de baraques, combien de tentes, combien de portions de pain : par leur fonction, ils doivent s'occuper de nous tous. Ils ne peuvent pas nous jeter aux ordures comme si nous étions de malheureux chats malades. Une grande personne c'est quelqu'un de responsable, tu comprends?* .

— Non.                                      .

— *Qu'est-ce que tu ne comprends pas?*

— Ne disent-ils pas tout le temps que nous dégoûtons? et que nous sommes répugnants? Ne nous traitent-ils pas de charognes?

— *Et alors?*

— Qu'est-ce qui les empêche de nous jeter à la poubelle?

— *Il leur en faudrait une très grande pour nous contenir. Nous sommes nombreux, tu sais. Compte, tu veux?*

— Je ne sais pas.

— *Tu ne sais pas compter?*

— Si.

— *Alors commence.*

— Je ne peux pas.

– *Tu as oublié?*

– J'ai appris à compter jusqu'à dix. Dix-sept peut-être.

– *Pauvre de toi. La vie ne s'arrête pas à dix-sept.*

– Qu'est-ce qui vient après?

– *Trente. Cent. Mille.*

– Nous sommes mille enfants ici?

– *Plus que mille.*

– Dix mille?

– *Plus que dix mille.*

– Combien?

– *Mille fois mille.*

– Cela fait combien?

– *Beaucoup. Cela exige une poubelle aussi grande que la terre, aussi profonde que l'océan. Imagine le monde tout entier transformé en poubelle, tu peux?*

– Le monde?

– *Oui, le monde. L'univers créé par Dieu.*

– Je ne peux pas le croire.

– *Qu'est-ce que tu ne peux pas croire?*

– Que Dieu se soit donné tant de peine pendant six jours d'abord, pendant six mille ans ensuite, pour fabriquer une simple poubelle.

– *Si tu étais à sa place, qu'aurais-tu produit?*

– Un palais. Le plus grand palais de la terre. Une sorte de palais royal pas seulement pour les rois. Un palais qui change les visiteurs en princes. Et toi?

– *Si j'étais Dieu?*

– Si tu étais Dieu, que ferais-tu?

– *Des choses, des choses simples. Modestes. En premier lieu, je mobiliserais tous mes cordonniers pour leur faire faire des souliers confortables pour tous les enfants ici. J'ai mal aux pieds, moi. Et Dieu, s'il veut bien être gentil, devrait faire quelque chose pour que j'aie moins mal. Et toi aussi. Et tous les enfants du convoi. Regarde comme nous marchons. Comme des invalides.*

— Tu as raison. Mes souliers n'ont plus de semelles. J'ai les talons en feu.

— *Je suis fatigué.*

— Moi plus que toi.

— *A la place de Dieu, je mettrais une forêt là devant nous, sur la chaussée. Ainsi le convoi serait obligé de faire halte. Je veux me reposer. J'ai sommeil. Pas toi?*

— Plus que toi.

— *A la place de Dieu je ferais en sorte pour que les choses aussi aient sommeil.*

— C'est tout? Moi je préfère mon palais royal. Remarque, ce n'est pas simple. Que ferais-je de nos gardiens? Il ne faut pas qu'ils deviennent des princes, ah, non! ça c'est exclu! J'ai une idée : ils resteraient dehors. Ils garderaient le palais du dehors. Et quand nous aurions froid, ils viendraient allumer le feu dans l'âtre.

— *Comme ils font maintenant?*

— Que font-ils maintenant?

— *Tu ne vois pas le feu, au loin? Les flammes... immenses... elles illuminent le monde...*

— ... non, pas le monde; seulement le palais. Je suis content. Dieu a exaucé ma prière. Mon rêve va s'accomplir. Nous allons habiter le plus beau palais du pays. Et puisque Dieu est gentil, nous chanterons pour Lui, d'accord?

— *J'ai trop mal pour chanter.*

— Nous danserons pour Dieu. Nous Le rendrons fier

de nous. Et des gardiens qui veillent sur nous, soucieux de nous tenir au chaud. Et de tout ce qui existe. Tu ne penses pas que Dieu est fier de nous? Moi je suis fier de Lui.

— ...

— Tu ne m'écoutes pas?

— *Si. Je t'écoute.*

— Je peux te demander un service?

— *Peut-être.*

— Apprends-moi à prier.

— *J'ai trop froid.*

— Apprends-moi à prier sinon... sinon j'ai peur de mourir de froid.

— *N'aie pas peur. Nous approchons du palais.*

# PROMENADES

## *1. Jérusalem*

Les collines et les dômes se découpant dans le crépuscule bleu, le bruit des marchés, les chants monotones et mélancoliques des Maisons d'étude, le murmure montant de la vieille ville dont les ruelles aboutissent inévitablement au Mur, donc au Temple, donc à la mémoire : Jérusalem s'empare de vous et ne vous lâchera plus. Aucune cité n'a une telle emprise sur le visiteur. Vous y plongez comme dans un poème, vous la quittez à contre-cœur.

Est-ce l'Histoire – traversée par tant de tempêtes, d'invasions, d'occupations – qui forme son attrait? Sans doute. Il vous suffit de déambuler dans les rues, allant du King-David Hotel au Hilton, pour rencontrer tous les noms des prophètes et – pourquoi pas – tous les prophètes de la Bible. Si Isaïe et Jérémie revenaient à Jérusalem, la reconnaîtraient-ils? Ils la comprendraient sûrement.

Sur le plan extérieur, visible, la ville bouleverse par sa beauté... intérieure. En cela, en cela aussi, elle est

unique. Derrière les apparences on sent le mystère, et
en dessous du mystère on devine la force, la résistance
farouche, la majesté grave d'un destin à nul autre
pareil.

Cette ville, on a essayé dix-sept fois de la détruire.
En vain. Bâtie et rebâtie sur ses ruines, elle s'érige
comme un monument tendu vers les hauteurs. Œuvre
d'hommes, elle échappe aux hommes. Et pourtant, elle
représente aussi leur fierté et leur triomphe.

Marchons. Laissons les quartiers modernes avec
leurs piscines, leurs hôtels luxueux pleins de gadgets
électroniques. Allons dans Meah Shearim, l'endroit dit
aux « Cent portes », pour retrouver l'exil de l'Europe
orientale. Et puis, de là, poursuivons jusqu'au quartier
juif de la vieille ville où, depuis la destruction du
Temple, il y avait toujours un homme, un enfant, pour
se lamenter sur les tragédies du peuple juif, et quand il
n'y en avait aucun, c'était la *Shekhina* elle-même qui
apparaissait et pleurait.

Autant le dire tout de suite : j'aime Jérusalem, je l'ai
toujours aimée. Je sais et je ne sais pourquoi mon
amour lui est acquis. Les raisons comptent moins, du
reste, que la chose en elle-même : aucune ville au
monde ne m'inspire tant de sentiments profonds et
surtout durables. Cela sonne simpliste, enfantin ? Tant
pis. A Jérusalem je redeviens enfant.

Quand m'y suis-je trouvé pour la première fois ? Il ne
m'en souvient guère. Souvent j'ai l'impression d'y avoir
vécu depuis toujours. Comme le disait Shaï Agnon, à
Stockholm, dans son discours du prix Nobel : « En
vérité, je suis né à Jérusalem, mais les Romains ont
envahi la Judée et poussé mon berceau jusqu'à la
Galicie en Pologne. » Cela vaut pour tous les enfants

juifs, particulièrement ceux des *shtedtl,* ces bourgades vibrantes et mélancoliques, en Europe orientale et centrale, où le rêve et la soif de Jérusalem nous aidaient à survivre. Soit, nous n'habitions pas Jérusalem, mais Jérusalem nous habitait.

Pour prier, nous nous tournions du côté de Jérusalem. Matin et soir, nous l'invoquions comme une bénédiction, comme une consolation aussi. Aux orphelins en pleurs, nous la racontions pour les faire sourire et chanter.

Et puis, un beau matin, je m'y suis réveillé pour de vrai. Et je fus saisi d'une envie irrésistible de pleurer.

Pas aujourd'hui. Aujourd'hui, l'on s'y promène, tiraillé entre plusieurs impulsions : où s'y sent-on le plus chez soi, dans la nouvelle ville ou dans la vieille? Avec les jeunes garçons et filles qui sortent droit d'un magazine américain – tant ils sont beaux, et fiers, et de santé éclatante – ou au sein des communautés hassidiques qui semblent évoluer en dehors du temps et même de l'Histoire.

Parfois, Jérusalem vous frappe par sa dimension intemporelle, par sa densité mystique, par son silence profond et sacré; d'autres fois, l'ancienne cité de David vous choque par son provincialisme.

Eh oui, Jérusalem est *aussi* une petite grande ville – ou une grande petite ville – de province. Où tout le monde connaît tout le monde. Où des clans se forment vite pour combattre des clans adverses. Filles et garçons, princes ou mendiants de la bohème, se réunissent tous les soirs chez Fink pour potiner, draguer, s'amuser en amusant, se répéter des histoires pour la millième fois. D'autres, ou les mêmes, vont au Khan pour assister à une représentation théâtrale, à un concert, à un ballet plus ou moins bons, mais de plus en plus expérimentaux. Le vendredi soir on se retrouve chez des voisins, ou chez des camarades, entre parents ou copains pour récapituler l'actualité, et alors tout y passe : les dernières sensations, les scandales récents qui agitent l'univers politique, les ragots artistiques qu'on se communique avec envie ou satisfaction, les réussites d'un tel – à dénigrer aussitôt – ou les échecs de tel autre – à plaindre avant de l'enterrer – les liaisons, les séparations, les réconciliations du vieil universitaire avec la jeune comédienne. Bref, c'est comme partout ailleurs. Il suffit de se faire inviter chez un ami hospitalier la veille du Shabbat, et l'on sait tout, absolument tout, sur la vie réelle et souterraine de la ville et du pays tout entier.

Bien sûr, la politique domine. On prend position, on se prononce pour ou contre le pouvoir. Peut-on être de gauche et aimer Begin? La gauche aime-t-elle la gauche? De quoi demain sera-t-il fait? L'évacuation totale du Sinaï marque-t-elle le début ou la fin d'une espérance? Les gens de la droite comme ceux de la gauche cherchent désespérément un prophète. Malheureusement, il n'y a plus de prophète dans la patrie des prophètes.

Il y en aura, cependant. Des centaines et des milliers d'hommes et de femmes vous l'affirmeront à Jérusalem. Les orthodoxes, les ultras ne vous permettent pas d'en douter. Un jour, disent-ils, le Messie viendra précédé, et annoncé, par le prophète Elie. Et alors, tous les habitants de la Ville sainte observeront la Loi divine, et surtout les lois du Shabbat. Pas comme maintenant. Maintenant c'est triste à voir, vous disent-ils. Toutes ces voitures qui circulent le Shabbat, alors que la Torah l'interdit. Et toutes ces jeunes femmes ravissantes qui se promènent à moitié nues à la piscine du Sheraton, alors que nos sages ordonnent aux femmes la modestie et la pudeur. Et tous ces jeunes garçons qui font du sport l'après-midi du Shabbat, alors qu'ils devraient se rendre à la synagogue. Quoi d'étonnant qu'Israël s'attire tant de haine? On nous punit, et c'est naturel.

Allez passer quelques heures avec ces hommes qu'on dit fanatiques, allez, n'ayez pas peur. Pas un jour de fête, un simple mardi serait mieux. Ou n'importe quel jour de la semaine. On vous réservera un accueil prudent mais sans hostilité. On vous expliquera pourquoi Dieu est Dieu, et pourquoi tous les êtres devraient se soumettre à Sa volonté. On vous dira, avec un peu de commisération, naturellement, que vous appartenez a une société en perdition, mais on n'exercera aucune pression sur vous. Mieux, on vous invitera à revenir passer un Shabbat. Allez, acceptez. Ce Shabbat, vous ne l'oublierez pas. Les chants, les prières, les séances d'étude commune : bientôt vous vous apercevrez que la sincérité de ces gens est réelle, et vous la leur envierez.

D'ailleurs, ne soyez pas surpris si, sous l'effet du charme, vous décidez de changer votre mode de vie. Il y a tout un mouvement de « repentis » et de « pénitents » – de Baalé Teshuva – qui fait actuellement des ravages en Israël, surtout dans les milieux artistiques et littéraires. On retrouve là, dans quelque *yeshiva* de Jérusalem, vêtus à la manière hassidique (calotte,

caftan, *tzizit,* la flamme religieuse dévorant le regard)
d'anciennes vedettes de la télévision et du music-hall.
Parlez-leur. Que s'est-il donc passé? Oh rien, rien du
tout, mais... Mais quoi? Un matin, ou un soir, ou un
jour il (ou elle) s'est éveillé à sa vérité : il était en train
de gaspiller son existence... alors voilà... il a décidé de
revenir aux sources, de refaire sa vie, de recommencer
à partir de rien pour prêcher la parole divine. Au
début, les Israéliens laïques se moquaient de ces
personnages. A présent, c'est fini, on ne se moque plus.
Il s'agit d'un mouvement dont le nombre d'adhérents
croît de jour en jour.

Besoin de certitude? de chaleur? peur du lendemain?
désenchantement? Comment savoir! Le fait est que le
phénomène existe et qu'il s'épanouit. On en parle, on en
discute à n'en plus finir, le vendredi soir, dans les
réunions d'intellectuels de Jérusalem.

Et les chrétiens? Et les Arabes? On en parle aussi,
mais différemment. Ils sont présents. Gênent-ils? Pas
que je sache. Les Arabes vivent dans leur quartier,
entre eux, et les chrétiens aussi. Je parle, bien sûr, des
résidents de la ville, pas des touristes. Car les touristes,
on les accueille partout, on les interroge, on les acca-
pare. Qu'un universitaire égyptien arrive en visite, et il
sera la coqueluche des arabistes et de la gauche. Qu'un
savant chrétien se présente, et les théologiens le traite-
ront avec tous les honneurs dus à son rang. Pour les
autochtones, c'est un peu différent. Il se peut que je
fasse erreur, mais je ne me souviens pas avoir rencontré
beaucoup d'intellectuels arabes chez nos collègues juifs
à Jérusalem.

Cela viendra un jour. Nul ne sait quand, mais un
jour les frontières tomberont. Il faut en tout cas

l'espérer. A Jérusalem, on ne peut pas ne pas espérer, donc patienter. Cela fait deux mille ans que l'on essaie d'y faire régner la paix, pourquoi voudriez-vous précipiter les choses maintenant?

En attendant, promenez-vous dans la ville, surtout la nuit. Écoutez l'appel nostalgique du muezzin qui invite les croyants à la prière. Regardez le ciel aux couleurs sombres mais changeantes. Saluez les jeunes étudiants et les vieux kabbalistes qui se rendent au Mur. Oui, suivons-les. Ce sont des hommes, des femmes, jeunes et pas si jeunes, silencieux ou bruyants, seuls et en groupes, qui semblent tous émerger de la zone la plus profonde, la plus secrète de l'Histoire; écoutez-les chanter, écoutez-les prier en pleurant : chacune de leurs paroles est pénétrée d'une flamme plusieurs fois millénaire. Passez une nuit avec eux, près d'eux; à l'aube, vous découvrirez la vraie beauté de la ville.

Et elle ne vous quittera plus.

## 2. Sighet

Pour vous, la Transylvanie est naturellement le pays envoûté de Dracula. Pour moi, qui y suis né, c'est autre chose. En fait, je n'ai appris l'existence, ou plutôt la légende, de ce comte maléfique dont les habitudes bizarres ne pouvaient pas ne pas le faire régner sur Broadway et Hollywood, qu'après mon arrivée aux États-Unis. Aux questions d'usage qu'on me posait, je répondais naïvement que je venais d'une petite ville enfouie dans une province perdue nommée Transylva-

nie. On ne me laissait plus continuer; on se mettait à
rire, comme si j'avais raconté une bonne plaisanterie.
Comme je ne comprenais pas, on s'esclaffait de plus
belle : Ah, Dracula, disait-on d'un air entendu... Bon,
maintenant je sais.

Ce n'est pas que les enfants juifs aient vécu heureux
et sans peur en Transylvanie; ils vivaient heureux, mais
non sans peur. Nous étions constamment inquiets,
angoissés, menacés. Les bandits, disait-on, nous guettaient du haut des montagnes. Les vagabonds, c'était
connu, ne se montraient que pour s'emparer d'un petit
garçon ou d'une petite fille, qu'ils arrachaient à leur
famille. Et les voyous qui, mus par une haine ancestrale
et héréditaire, se jetaient sur nous et nous battaient,
surtout pendant Noël ou Pâque, avaient apparemment
besoin, comme Dracula, de sang – de sang juif – pour
se sentir fiers d'eux-mêmes.

Je ne suis plus un enfant, mais la Transylvanie me
fait encore peur, ou plus précisément : un petit coin de
la Transylvanie, Sighet, ma ville natale. Je n'y habite
plus; c'est elle qui m'habite. Cela fait quarante ans que
je l'ai quittée; j'ai toujours peur de la revoir. Elle
m'attire et me répugne pour les mêmes raisons qui
m'échappent. C'est la troisième fois que je retourne à
Sighet – chaque fois pour un jour et une nuit – sans
vraiment savoir pourquoi.

Moi, le vrai dépaysement, c'est à Sighet seulement
que je l'éprouve.


Une petite ville comme tant d'autres, une petite ville
pas comme les autres : elle se ressemble tellement à

elle-même que je la reconnais difficilement. Le parc, le marché, les édifices publics, plutôt que de me servir de repères, me désorientent. Quelques grands immeubles construits récemment exceptés, les maisons sont celles mêmes que, enfant, je longeais en me rendant à l'école ou chez ma grand-mère. Infidèle, la ville qui m'a vu naître, grandir et m'ouvrir aux rêves et aux convulsions de ma génération. Elle a laissé partir ses Juifs sans s'associer à leurs souffrances, sans mourir de leur mort.

Jadis, avant la tourmente, c'était une petite ville juive, un *shtedtl* typique, bouleversante et vibrante de beauté et de foi, avec ses Maisons d'étude et ses ateliers, ses fous et ses princes, ses mendiants silencieux et ses portefaix bruyants... On y parlait le yiddish, on s'y défendait en roumain, en hongrois ou en ruthène, on y priait en hébreu, naturellement... Dans la rue juive des marchands se disputaient le matin et se réconci- liaient le soir... Dans les *shtiblekh,* des hassidim disaient leurs prières, étudiaient le Talmud, racontaient des histoires merveilleuses sur leurs rabbins miracu- leux... Certains jeunes se préparaient au grand voyage vers la Palestine; d'autres, sympathisants du parti communiste clandestin, songeaient à la révolution qui devait résoudre le problème juif, et tous les autres problèmes aussi...

Pénétrée de vie juive, rythmée selon les lois du calendrier juif, la ville se reposait le jour du Shabbat, jeûnait le jour du Grand Pardon, dansait le soir de Simhat-Torah... Les chrétiens eux-mêmes savaient qu'il ne fallait pas demander du pain dans une boulangerie juive durant les huit jours de Pâque; qu'il ne fallait pas offrir un verre de *tzuica* au tavernier juif le neuvième

jour du mois d'Av, car ce jour-là, marqué par le deuil,
rappelle la destruction du temple de Jérusalem...

Fini, tout cela. Oubliés, les Juifs de ma ville. Effacés
de sa mémoire. Jadis, il y avait une trentaine de
synagogues à Sighet; il n'en subsiste qu'une seule. Les
tailleurs juifs, les cordonniers juifs, les horlogers juifs :
partis sans laisser de trace. Des étrangers ont pris leur
place. Sont-ils conscients que, aux yeux des disparus,
ils sont des usurpateurs? Savent-ils qu'il y avait autrefois une vie juive à Sighet?

Ma maison ne m'appartient plus.

La première fois, il y a vingt ans, je suis revenu
comme ça, pour satisfaire je ne sais quel désir. Par
simple curiosité peut-être. D'autres que moi l'ont fait et
le font encore. Sighet semble exercer une fascination
sur ses exilés. Jeunes et moins jeunes reviennent pour se
retrouver dans les lieux de leur enfance, sur les ruines
de leur passé. Certains souhaitent accomplir un rite
ancien : aller s'étendre sur la tombe de leurs ancêtres.
D'autres veulent revoir leur maison, leur jardin, leurs
voisins bons ou mauvais. Il fut un temps où ils étaient
les seuls touristes étrangers, ici.

Il y a vingt ans, je me suis promené partout des
heures et des heures durant avec un sentiment profond d'incrédulité : ma propre existence me paraissait
irréelle. Les passants me regardaient sans me voir. Moi
je les regardais, ne voyant que les fantômes qui les
entouraient. Et les fantômes étaient plus vrais, plus
vivants que les vivants eux-mêmes.

Je croyais perdre la raison, tant ma fantaisie se

substituait à la réalité. Je voyais des amis morts, des camarades morts, des parents morts : je les voyais vivants.

J'avais compté rester quelques jours. Pris de panique, je suis reparti au bout de quelques heures.

La seconde fois, je suis revenu avec une équipe de télévision, pour faire un documentaire. Impossible de faire un pas tout seul. Accompagné partout, surveillé toujours, je me sentais jouer sur une scène : ce rôle me déplaisait et m'agaçait. La tâche à peine achevée, j'ai tourné le dos à ma ville.

Maintenant, c'était la troisième fois. Invité par la communauté juive roumaine, je me suis joint à son grand rabbin le Dr David-Moïse Rosen pour un bien triste pèlerinage : nous nous sommes rendus en Transylvanie pour y commémorer la déportation de ses Juifs, survenue quarante ans plus tôt.

Pendant quatre jours, superbement et efficacement guidés par les autorités, nous sommes allés d'une ville à l'autre, d'une communauté à l'autre, d'une cérémonie à l'autre : Déj, Satu-Mare, Oradea, Sarmas... Combien de bougies faut-il donc allumer pour honorer la mort de milliers et de milliers d'hommes, femmes et enfants? Combien de fois doit-on réciter le *Kaddish*? Partout, comme répondant à un mystérieux appel, des Juifs descendaient des bourgs et des villes voisins et lointains pour venir pleurer ensemble, pour plonger ensemble dans une mémoire collective où leurs frères et leurs parents, par-delà un désert de cendres, leur parlent, parlent...

A Sighet, j'ai visité, comme les fois précédentes, le vieux cimetière juif; il abrite la tombe de mon grand-père dont je porte le nom. Étrange : ici, parmi les tombes, je me sentais plus chez moi que parmi les vivants, au-dehors. Une sérénité peu ordinaire régnait au cimetière. Je m'adressai à mon grand-père et lui racontai, à voix basse, ce que j'avais fait de son nom.

Puis, avec un ami d'enfance, compagnon du pèlerinage, nous avons déambulé dans les rues et les ruelles, en silence. Nous n'osions pas nous regarder. Je connaissais chaque fenêtre, chaque arbre. Noms et visages surgissaient comme du néant, comme s'apprêtant à regagner leurs demeures. Je me suis arrêté devant ma maison et, le cœur battant, comme dans un accès de délire, je m'attendais à ce qu'un adolescent en sorte et me fasse signe d'approcher pour m'interroger : Que fais-tu ici, dans ma vie? Une angoisse sans nom m'étreignit : et si tout ce que j'ai vécu n'était qu'un rêve?

De nouveau, j'ai frissonné. Partir, partir au plus vite. Comment expliquer mon comportement? Loin de Sighet, j'ai envie d'y revenir; une fois dans ses murs, j'ai hâte de la quitter, de la fuir...

Est-ce parce que j'ai peur de mesurer, ici mieux que n'importe où, l'étendue de la catastrophe qui nous est commune?

Quarante ans auparavant...

Dans l'espace de six semaines, une communauté vibrante de vie et portée par ses passions créatrices fut condamnée à la solitude d'abord, à la misère ensuite, et enfin à la déportation et à la mort. Imaginé et perfectionné par l'ennemi, le processus visait à obtenir un rétrécissement graduel et total : la victime quittait sa maison, puis sa chambre, puis son wagon, puis sa famille, puis son identité, puis son corps : ainsi l'être devenait néant.

Le dernier transport quitta la gare – un dimanche matin, je m'en souviens : il faisait chaud, nous avions soif, nous souffrions de la soif – moins de trois semaines avant le débarquement des Alliés en Normandie. L'Armée Rouge se trouvait à moins de trente kilomètres. Pourquoi sommes-nous partis ? Nous aurions pu fuir, nous cacher dans les montagnes – les Carpates sont particulièrement denses dans notre région – et dans les villages. Après tout, le ghetto n'était pas bien gardé : une évasion en masse avait toutes les chances sinon toutes les garanties de succès... Seulement, nous ne savions pas. Écoutez-moi bien, vous qui aimeriez partir en vacances quelque part en Transylvanie : vous n'allez pas y rencontrer mes amis. Ils ont été massacrés parce que personne n'avait jugé nécessaire de les prévenir, de leur dire de ne pas monter dans les wagons scellés. Si cette tragédie du judaïsme transylvanien fait mal, fait tellement mal, ce n'est pas seulement parce que ses victimes me demeurent proches à plus d'un titre, mais parce qu'elle aurait pu être évitée.

Alors, vous comprenez, la beauté du paysage, la sérénité et le confort et l'hospitalité qui vous attendent ici, tout cela n'est pas pour moi.

Allez-y, si cela vous tente, et d'ailleurs pourquoi la Transylvanie ne vous tenterait-elle pas? Malgré le régime policier à peine masqué, en dépit de la pauvreté de la population, vous vous y sentirez peut-être plutôt bien. Pourquoi pas? Les jardins sont splendides, les hôtels nouveaux, l'accueil chaleureux, et puis n'oublions pas : ce n'est pas cher, par cher du tout.

Seulement, tout en explorant les villes et les villages, tout en jouissant de leur style pittoresque si spécial, essayez tout de même d'avoir une pensée pour les hommes et les femmes, et les enfants aussi, les enfants surtout, qui, il y a quarante ans, en ont été chassés et qui, aujourd'hui, pour nous sauver tous, parcourent la mémoire blessée de l'humanité pour y tracer des signes invisibles, innombrables et indéchiffrables, et pourtant combien nécessaires à notre propre survie...

# RETROUVAILLES *

Deux hommes sans âge, deux êtres d'un autre âge s'arrêtent au même moment et se regardent. D'abord avec incrédulité, puis avec inquiétude. On dirait qu'ils hésitent à s'avancer ou à s'en aller pour ne pas buter sur une réalité fausse et pourtant familière. Ils ont peur, cela se voit. Peur de se tromper de personne ou peut-être d'époque. Peur de se réveiller et de ne pas se réveiller. Le temps pour une image oubliée de surgir à la surface et déjà les deux visages tendus, douloureusement tendus, s'ouvrent, s'éclairent et illuminent la cité, le pays et le monde tout entier. « C'est toi? s'écrie l'un. C'est toi, Hayim? – Je te croyais... répond l'autre, laissant sa phrase inachevée. – Moi aussi, Berl, moi aussi je te croyais... » Ils bondissent en avant et tombent dans les bras l'un de l'autre. Où sont-ils? Tournant le dos à ceux qui les observent, ils sont transportés ailleurs, au loin. Pleurent-ils? rient-ils? Autour d'eux, autour de nous, en nous tous, c'est la lumière de Jérusalem, c'est l'âme et la mémoire –

---

* En juin 1981 eut lieu, à Jérusalem, la première réunion mondiale des survivants juifs des camps de la mort.

n'est-ce pas la même chose? – de Jérusalem qui rit, et cela se passe à une profondeur si grande que nous avons envie de pleurer.

Plus loin, une femme seule et triste flâne parmi les groupes qui parlent avec exubérance. Désœuvrée, elle s'arrête çà et là pour étudier un nom, une photo, un message. Elle repart en hochant la tête, déçue. Elle se parle à elle-même : « Non, ce n'est pas lui, je le sais, ça ne peut pas être lui, j'étais là, je l'ai vu, puis je ne l'ai plus revu... » De plus en plus accablée, timide mais résolue, elle continue à chercher son père disparu qui, seul, pourrait la consoler.

« Qui connaît Moishé Weisberg de Lomze? » demande un hassid barbu en hurlant. Quelque chose en lui m'attire. Je l'aborde et lui serre la main. Il me sourit : « Ne me dites pas que vous connaissez Moishé Weisberg de Lomze! – Non, je ne l'ai jamais rencontré. » Il me dévisage longuement avant de s'esclaffer bruyamment : « Eh bien, c'est chose faite : Moishé Weisberg, vous venez de faire sa connaissance. » Il m'explique : « C'est moi. Je cherche quelqu'un qui m'a connu avant, là-bas. C'est important pour moi de retrouver un parent, un ami, un camarade d'école, un voisin qui se souviendrait de Moishé Weisberg du temps qu'il vivait à Lomze. – Je m'en souviendrai », lui assuré-je.

Il me donne une forte tape sur l'épaule; ça fait mal, mais je lui en suis reconnaissant.

Rencontres insolites qui tiennent du miracle; liens renoués qui défient la raison; cris de joie et larmes rentrées; souvenirs entremêlés, égarés, mutilés; destins enchevêtrés; mots et gestes sublimés, ressentis à l'excès; silences profonds, partagés, brisés par d'autres silences : Jérusalem, cette semaine-là, était le centre de mille et mille histoires vécues par mille et mille hommes et femmes juifs pas comme les autres.

Venus du profond des exils, du royaume même des ténèbres, battus mais non abattus, écrasés mais fiers encore, ces survivants s'étaient réunis ici pour célébrer Jérusalem dans Jérusalem, pour raconter à Jérusalem ce que leurs ennemis communs leur avaient fait subir sous les cieux étrangers si doux, si bleus, si indifférents.

On aurait dit un pèlerinage, pendant les fêtes, au temps où le Temple, dans toute sa splendeur, dominait la vie et les passions des communautés juives du monde.

Il fallait les voir ces anciens citoyens d'Auschwitz, ces partisans des denses forêts lituaniennes, ces vaillants combattants des ghettos en flammes, il fallait les voir déambuler bras dessus, bras dessous dans les rues ensoleillées de Jérusalem à la recherche d'un écho, d'un signe du monde de jadis.

Certains ne s'étaient plus revus depuis la Libération; d'autres depuis les camps, le ghetto, l'école... Des fragments entiers de vie leur manquaient... « Tu t'es remariée? Tu habites l'Australie?... Qu'est donc devenu ton fiancé, Michel?... » Deux amis apprenaient qu'ils avaient vécu dans le même camp, à la même période, sans jamais se rencontrer... « Tu as été libérée dans quel endroit?... Qui t'a cachée?... »

Ils se parlaient, les survivants des camps et des ghettos. Ils restaient des heures et des heures à s'informer, à se confier à des êtres retrouvés, arrachés à la mort. Il leur fallait, en une semaine, expliquer, illustrer, dire des années et des décennies de séparation, d'incertitude et d'espérance angoissée. On n'a jamais tant parlé à Jérusalem qu'en cette semaine-là.

Médecins et fonctionnaires, instituteurs et ouvriers, hassidim et adversaires du hassidisme, industriels et ingénieurs : s'exprimant dans toutes les langues, traînant tous les accents, portant toutes les obsessions dues à leur condition, ils étaient redevenus compagnons et alliés, comme jadis, appartenant à la plus singulière des fraternités : celle des survivants.

Pour eux chaque rencontre est surprise, chaque poignée de main signifie offrande. Nul ne possède leur faculté de reconnaissance; ni leur besoin d'amitié.

Ils ne cessent d'étonner, de s'étonner : ayant vu l'abîme, ayant frôlé son souffle, comment peuvent-ils chanter l'avenir? comment s'arrangent-ils pour parier sur l'humanité de leurs semblables?

Si l'espoir nous paraît malgré tout possible aujourd'hui, c'est parce que les survivants nous l'ordonnent.

Pourtant, après la guerre, pendant les années interminables, on avait tout entrepris pour les acculer à la résignation. Auparavant, durant les épreuves, ils se savaient livrés au bourreau; ils ne comptaient pour personne. Le monde – je veux dire : le monde libre, éclairé – savait et se taisait. Hitler et Himmler étaient persuadés que les Alliés, en fait, approuvaient la solution finale : en exterminant les Juifs européens, les nazis pensaient rendre service à la société. Lisez, relisez leurs écrits. Depuis la malheureuse conférence d'Évian, imprégnée d'une hypocrisie flagrante à l'échelle internationale, Berlin savait à quoi s'en tenir : ses adversaires libéraux ne feraient rien pour sauver les Juifs. Voués à la solitude et à la faim, condamnés, les Juifs se sentaient trahis, expulsés par l'Histoire elle-même.

Vint la Libération : affaiblis et endeuillés, les rares rescapés n'eurent point la force de célébrer la victoire ni même de la savourer. Pour eux, elle était venue trop tard. Trop tard pour se laisser porter par la joie. Trop tard pour avoir confiance en l'avenir. Ils se sentaient exténués; et vides. Vides d'attente. Vides de lendemain. Parqués dans des camps pour personnes dites déplacées, aidés et humiliés par employés et fonctionnaires divers, ils continuaient à vivoter en dehors de la société; on les traitait comme des êtres à part. Leur tragédie continuait même après la fin des hostilités. Plutôt que de les inviter à venir s'enraciner dans le pays de leur choix, plutôt que de les choyer, de les soigner, on leur fermait les portes au nez : étrangers, partout, réfugiés partout. Indésirables partout.

Avait-on peur d'eux? de leur témoignage? de leur jugement? Se sentait-on coupable, fautif à leur égard? On faisait tout pour ne pas les avoir sous les yeux. Ils gênaient. Ils dérangeaient. Ils détenaient une vérité que l'on préférait oublier. Qui d'entre nous n'avait pas l'impression que, parfois, on nous en voulait d'avoir survécu?

D'où la difficulté que les survivants éprouvaient à s'intégrer, s'adapter, s'exprimer : ils préféraient vivre entre eux, dans une sorte de ghetto invisible dont les murailles étaient celles de la mémoire. Pourquoi tremblaient-ils en apercevant une cheminée d'usine? Pourquoi baissaient-ils la voix en s'adressant à un enfant dans la rue? Pourquoi changeaient-ils d'expression, pourquoi leur respiration s'accélérait-elle en prononçant certains mots d'apparence anodine? Eh oui, ils formaient une catégorie humaine à part...

Et pourtant... Oui, pourtant, il fallait les voir, presque quarante ans après, ces survivants, ces revenants d'un monde anéanti. Il fallait les voir manifester leur amour pour Jérusalem, leur fierté de chanter son chant immortel. Il fallait les entendre crier au monde leur refus d'oublier, leur farouche détermination de ne jamais abdiquer. Il fallait les voir avec leurs compagnons, avec leurs enfants, devant le Mur : tout ce que je peux dire, moi qui m'y trouvais, c'est que c'était beau et émouvant.

La mer humaine devant Yad Vashem, le rassemblement devant la Knesset alors que le crépuscule aux couleurs bouleversantes tombait sur la ville, les visites dans certains kibboutzim de survivants : ce sont des événements, des souvenirs qui compteront dans notre vie.

Au kibboutz des Combattants des ghettos j'ai enfin pu serrer la main du légendaire Antek Zuckerman. Cela faisait des années que, par lettre et par téléphone, nous prenions des rendez-vous que nous devions chaque fois remettre à plus tard.

Maintenant, coûte que coûte, il importait de ne plus attendre. Assis à son bureau, malgré des douleurs à la jambe, Antek paraissait en pleine forme. Questions politiques, thèmes culturels, bribes de commentaires sur l'actualité ou le passé : nous nous parlions comme si nous nous étions connus depuis toujours. Notre sujet de préoccupation : comment faire pour sauvegarder l'aspect spécifiquement juif de notre tragédie? Comment faire pour que la mémoire des six millions ne soit pas diluée par une tentative d'universalisation bon marché? Notre échange fut interrompu : le kibboutz avait organisé une réunion en l'honneur des visiteurs étrangers. Il y eut des discours de bienvenue : nous nous sentions tous en famille. Invité à prononcer une brève allocution, je demandai qu'Antek fût présent. « Antek *hayakar* », dis-je. Cher Antek... Je ne m'adressai qu'à mon ami. Tout mon discours lui fut consacré, dédié. En le quittant, il me prit dans ses bras. Il avait les larmes aux yeux. Moi aussi. Obscurément, je sentais que notre première rencontre allait être la dernière : Antek mourut douze heures plus tard.

J'entends encore sa voix blessée, je sens encore son regard écorcher le mien. Comme j'entends le silence et la ferveur de la foule lors de la séance de clôture dans le lieu le plus sacré de la cité la plus sacrée de notre histoire. Ces têtes tendues, ces visages et ces yeux : jamais nous n'oublierons l'émotion qui s'y reflétait. Chacun se rappelait le temps de la nuit où la mort, aux aguets, refusait de lâcher prise. Chacun de nous se sentait à la fois plus seul et moins seul que d'habitude : tous ceux que nous avions laissés de l'autre côté, nous sentions leur présence. Étions-nous plus méritants qu'eux? Il y avait dans cette interrogation muette de quoi nous rendre humbles. Je revoyais en esprit mes camarades d'enfance, mes amis de la Yeshiva, les hommes pieux de ma ville, les femmes douces et dévotes des villages, les enfants de ma ville, je revoyais les enfants et je me demandais en silence : pourquoi, Dieu, m'as-tu épargné, pourquoi moi et pas l'un d'eux, n'importe lequel d'entre eux?

Mais alors mon regard s'arrêtait sur les enfants des survivants et il m'apportait consolation et lumière. C'était la première fois que parents et enfants se retrouvaient ensemble, vraiment ensemble, unis par le même événement. La première fois que les rescapés de Treblinka et de Belsen et de Ponàr et de Birkenau se retrouvaient entre eux et avec leurs enfants pour écouter ensemble les mêmes récits, recevoir les mêmes messages et recueillir ensemble les mêmes appels et les mêmes silences venant des mêmes profondeurs. Avant, pendant longtemps, il y avait eu une sorte de mur entre eux. Une sorte de malentendu auquel tous se heurtaient. Les parents craignaient les questions, les enfants redoutaient les réponses. Isolés les uns par l'expérience et les autres par la discrétion qui l'entourait, ils vivaient retranchés chacun dans son univers nocturne et menaçant. Or, les voilà réunis par un même élan généreux pour faire face aux horreurs passées et aux périls à venir. Les voilà unis par la mémoire : tous semblaient vivre l'une de ces visions qui enrichissent certains êtres privilégiés.

Du coup, nous saisissions l'ampleur et l'urgence du projet : il était justifié sur plus d'un plan, et nécessaire pour plus d'une raison.

Ces retrouvailles, les survivants eux-mêmes en avaient besoin. Pour se convaincre eux-mêmes qu'ils avaient vraiment survécu au cauchemar; qu'ils étaient restés fidèles les uns aux autres dans l'allégresse comme ils l'avaient été dans la détresse.

Si souvent incompris, délibérément mal compris, ils souhaitaient se retrouver, se revoir avec leurs nouvelles familles, admirer et faire admirer leur progéniture,

crier leur répugnance à la face des soi-disant « révision-
nistes » qui nient l'existence des camps, porter jugement sur l'Histoire et donner à la société une puissante
leçon d'humanisme qu'ils sont seuls capables de formu-
ler et de personnifier : « Écoute, monde ; écoutez,
peuples : voici comment souffrances et persécutions
peuvent se transformer en actes de générosité ; voici
comment l'agonie devient véhicule contre l'agonie, et la
misère arme contre la misère ; voici comment la destruction, ou plutôt l'histoire de la destruction, peut
devenir bouclier contre une destruction encore plus
meurtrière simplement parce qu'elle viendrait à la suite
de la première – et comme sa conséquence. »

Sur l'esplanade du Mur, sous le ciel convulsé de
Jérusalem aux réverbérations infinies, la présence de
tant de survivants s'harmonise avec celle de leurs
enfants ; ensemble elles engendrent un appel irrésistible
à la foi en l'histoire juive et, ainsi, en l'avenir des
hommes.

Les chants récités, les prières chuchotées, les ser-
ments prêtés : ici, chaque mot avait acquis une signification autre, plus humaine que toutes les autres, car
elle devenait ouverture et lien.

Ces retrouvailles de Jérusalem, les survivants s'en
souviendront longtemps : ils l'ont juré. Et leurs enfants
aussi : ils ont juré sur leur honneur et le nôtre de
transmettre ce que, de nos mains, ils ont reçu : mille et
mille histoires, toujours la même, d'un peuple meurtri
et pourchassé qui refusait de mourir et de se soumettre
à la loi déshumanisante de l'ennemi.

Grâce à ces retrouvailles, amis jeunes et amis moins
jeunes, nous pourrons célébrer la mémoire juive avec
un peu moins d'angoisse.

# Chroniques d'aujourd'hui

## 1

## LA TRAGÉDIE
## DES INDIENS MISKITOS

Quelque part dans la jungle hondurienne, au bord de la rivière Mocoron, une vieille tribu indienne traditionnellement paisible et laborieuse, les Miskitos (nom dérivé de *mosquitoes* ou moustiques), tente de reconstruire ses foyers et ses rêves que, pas trop loin de là, sous le même ciel tropical convulsé, de l'autre côté de la frontière nicaraguayenne, un régime marqué par la violence essaye de changer et même de détruire.

Expulsés de leurs villages pour des raisons « militaires », persécutés pour des raisons ethniques, sociales ou culturelles, ces Indiens ont choisi l'exil, c'est-à-dire l'incertitude et la nostalgie.

Images devenues familières : la démarche lente des hommes, le regard lourd et fatigué des femmes, le rire bouleversant des enfants qui, à moitié ou entièrement nus, forment la majorité de la population. Pareils à tous les réfugiés qui ont traversé ce siècle, ils vivent dans l'attente d'un signe ou d'un miracle. Depuis leur déracinement – qui va de deux semaines à deux ans – ils semblent évoluer dans un univers à part, dans un temps à eux d'où nous demeurons exclus. Espèrent-ils rentrer un jour chez eux, à Leimus ou à San Carlos, et

y rejoindre leurs frères et sœurs miskitos qui n'ont pas
voulu ou pu traverser la frontière? Certains disent oui,
mais le croient-ils? Encouragés par les autorités gou-
vernementales, aidés par des organismes privés et
officiels de secours, ils quitteront les camps de réfugiés
et iront s'installer dans des villages recréés par eux,
pour eux, et qui leur rappelleront ceux qu'ils ont dû
fuir.

Pourtant, chez eux, là-bas, ils ne s'occupaient guère
de politique. Marx ou Somoza? Les Miskitos, hommes
simples et d'ambitions modestes, vivaient à l'écart de
leur siècle. Tout ce qu'ils désiraient c'était travailler
leurs terres, se baigner dans la rivière, parler leur
langue, se réunir dans leurs églises protestantes de rite
moravien, écouter les rumeurs secrètes de la forêt,
célébrer fêtes et mariages, bref : vivre à l'écart de la
société moderne avec ses tentations et ses périls.

Les jeunes, il est vrai, se laissèrent séduire par
l'aventure. Certains sympathisèrent avec la révolution.
Les sandinistes avaient su faire vibrer en eux la corde
romantique. Et puis, la dictature de Somoza, de plus en
plus sanglante, avait fait trop de victimes, et pas
seulement dans les villes. Après leur victoire, les
sandinistes reconnurent leur dette envers les Miskitos
et leur offrirent des postes importants dans la nouvelle
administration. Les choses se gâtèrent le jour où les
sandinistes, voulant renforcer leurs frontières, expulsè-
rent les Miskitos de leurs villages déclarés zone militaire. Devant la résistance et le refus des Indiens, les
soldats se mirent à brûler les maisons et à massacrer le
bétail. D'autres sévices suivirent : arrestations, humilia-
tions, exécutions. En conséquence de quoi, les Miskitos
prosandinistes d'hier choisirent la clandestinité et la

guérilla contre le régime sandiniste. Leur coup d'éclat du 24 décembre 1983 stupéfia le monde libre : un millier de réfugiés – hommes, femmes et enfants, – réussit à traverser la frontière après une marche épuisante de trois jours et trois nuits au cours de laquelle ils furent attaqués, mitraillés, bombardés par l'armée régulière. Comment ont-ils fait pour ne pas céder à la faim, à la fatigue, à la peur? Comment les enfants ont-ils pu ne pas paniquer? Ils sourient : quand on est miskito, on peut tout faire.

Ainsi découvre-t-on l'existence, la conscience d'une « identité miskito », d'une culture et d'une société miskito. Et ils en sont fiers. Ils combattent les sandinistes maintenant parce que ceux-ci, comme ils disent, « se sont attaqués à notre identité ». Les mêmes explications tombent de toutes les lèvres : « Nous avions notre mode de vie à nous, nos coutumes, nos mœurs, nos histoires, nos légendes, nos souvenirs, nos secrets qui nous rendaient heureux ou malheureux : les sandinistes tenaient à nous en séparer. Par tous les moyens. »

Sur un ton sobre, simple, en termes précis, dépouillés, les Miskitos racontent : « Moi j'ai vu ma maison qui brûlait. » « J'ai vu, moi, mon fils tué. Mon gendre assassiné. » « Leimos, monsieur, vous connaissez? Ils ont massacré trente-cinq Indiens à Leimos. » « Et moi, j'ai passé vingt-huit mois en prison. »

Il faudrait être bien cynique pour mettre leurs paroles en doute; je ne le suis pas, je ne tiens point à l'être. Les victimes méritent qu'on leur fasse confiance, c'est la moindre des choses. Si ces Indiens exilés se disent persécutés, il nous incombe de les écouter.

Exagèrent-ils? Possible, mais je ne le pense pas. Pas

leur genre. D'ailleurs, ils n'emploient pas de grandes phrases. Pas de clichés. Ils ne parlent ni de « génocide » ethnique ni d'extermination culturelle. A l'échelle des tragédies récentes, la leur se situe loin derrière le Cambodge ou le Biafra. Est-ce la raison de l'indifférence quasi générale que le monde leur manifeste? Ou serait-ce parce que les Miskitos sont contre les sandinistes, donc pour les Américains?

« Nous refusons de nous mêler aux affaires Est-Ouest, me dit Steadman Fagot Muller, le jeune commandant barbu et pétillant de la résistance miskito. Ce qui nous arrive n'a rien à y voir. »

Déclaration naïve? Sans doute. Un mouvement armé ne peut pas rester neutre. En se battant contre les sandinistes, les Miskitos défendent les intérêts des États-Unis. Si les premiers sont manipulés par le monde communiste, les derniers le sont par les puissances occidentales.

Entre-temps, ce sont les civils qui souffrent; ce sont les enfants qui subissent la dureté de l'exil.

Ils sont beaux, les enfants miskitos. Pas tristes, seulement graves. Et chose étrange : ils ne tendent jamais la main. Ils ne vous demandent rien. C'est la première fois que je rencontre des enfants, vivant dans un camp de réfugiés, qui ne font pas appel à votre pitié. Ils ne veulent ni chocolat ni chewing-gum. Ils vous regardent, c'est tout.

Que savent-ils des forces qui, par-dessus leurs vies, les écrasent? Que connaissent-ils du monde, au-dehors? Pour eux, le monde est un camp; et la vie, une fuite sans fin.

Grandiront-ils en tant que réfugiés? Les autorités honduriennes et les organismes internationaux compétents s'y opposent. Les Miskitos sont installés dans les environs. On leur permet de rebâtir villages et foyers où ils vivront entre eux, comme autrefois.

« Tout nous rappelle les lieux de notre enfance, me dit un Indien. Le ciel, les arbres, la terre, la rivière. Nous arrivons même à reconstruire ici notre société à nous. Mais... il y a quand même des choses que nous n'avons pas pu emporter avec nous. » Il se tait un long moment avant de poursuivre : « Nos cimetières. »

## LES MALHEURS DU LIBAN

Les plages sont pleines, les hôtels bondés. La mer, la montagne : tout le monde est en vacances. Il faut bien fuir les chaleurs, se reposer des fatigues quotidiennes. Il faut bien profiter, non?

Et cependant, jour après jour, la mort frappe un peu partout sur la terre des hommes. On la voit à l'œuvre. On ne peut pas s'inventer des alibis : on lit les journaux, on regarde la télévision. On ne peut plus dire : on ne savait pas. On sait tout.

Les orphelins affamés au Liban. Les cadavres mutilés quelque part en Somalie ou en Éthiopie. Les attentats de Paris et de Londres. Elle n'arrêtera donc jamais, cette folie meurtrière, donc suicidaire, des humains? On aurait envie de hurler. A quoi bon? Les gens sont occupés à se bronzer au soleil, à jouir de la vie.

Certes, çà et là, des voix s'élèvent. Pour alerter. Protester. Inciter le public à se montrer un peu plus sensible à l'agonie d'autrui, un peu plus généreux envers les victimes absentes. Je ne suis pas sûr qu'on veuille les entendre.

Peut-être est-ce un peu aussi notre faute : notre

charité, nous la limitons à un groupe, à une communauté déterminés. Cela est une erreur grave parce que paralysante. Ne pourrait-on pas se porter au secours à la fois des Cambodgiens et des Haïtiens? Ne pourrait-on pas essayer d'aider les Palestiniens – abandonnés, trahis par le monde entier, y compris le monde arabe – sans pour autant condamner l'État d'Israël?

Comme tout le monde, je suis l'actualité, et comme tout le monde je m'imprègne de sa tristesse.

Cela fait mal de voir les bombes qui tombent sur le Liban, comme cela faisait mal de voir les *katyusha* s'acharner sur les paisibles villages en Galilée. Beyrouth coupée en deux, L'Irak et l'Iran s'entre-tuant au nom des divinités pétrolières, les enfants déracinés, les vieillards hagards : il faudrait, pour l'amour du ciel, mobiliser autant d'énergies, autant de moyens pour la paix, pour la vie.

Malheureusement, pour l'instant, c'est la mort qui domine, c'est la haine qui annonce son règne et le renforce. La haine pour les Arabes, la haine pour les chrétiens, la haine pour les riches, les immigrés, les étrangers, la haine envers les Juifs : il n'y a jamais eu autant de haine dans le monde. Quoi d'étonnant que l'avenir soit si sombre?

Cette haine, il nous appartient de la combattre. Pourquoi ne pas convoquer, au plus haut niveau, un colloque sur ce thème? Pourquoi ne pourrait-on pas organiser une conférence internationale pour envisager des mesures? Hommes d'État et philosophes, savants et écrivains, philanthropes et moralistes : les plus grands, les plus prestigieux parmi eux devraient se réunir pour examiner les mobiles, les causes du mal et proposer quelques remèdes.

Juif et survivant, je suis peut-être plus sensible à cette question-là. Nous qui avons vu et subi le mal à l'échelle de l'absolu, nous sommes comme munis de certaines antennes pour capter et percevoir le péril de son renouveau.

Les signaux que nous captons en ce moment sont inquiétants au plus haut degré. L'antisémitisme émerge de la clandestinité. Le racisme est à la mode dans de nombreux pays. La Pologne, l'Afghanistan, le Salvador : les prisons y sont aussi encombrées que les cimetières.

Et la pitié dans tout cela? Et l'humanité dans tout cela? Elles sont en vacances, elles aussi.

# 3

# LA TORTURE DES ENFANTS

La torture, à la limite, est pire que la mort. C'est que, en prison, devant le tortionnaire, la victime meurt plus d'une fois : la mort, pour elle, pourrait même apparaître comme délivrance.

D'où la fascination chez certains policiers, défenseurs fanatiques des régimes dictatoriaux, pour la torture : ils en font une science. Avec ses règles et ses lois, ses triomphes et ses découvertes, la torture leur procure les joies et les déceptions que seul connaît l'artiste ou le chercheur.

Rien d'étonnant à ce que notre siècle, si riche en inventions, ait pu inscrire à son palmarès tant de techniques nouvelles – et souvent efficaces! – dans ce domaine aussi.

Bains glacés, ongles arrachés, testicules écrasés – tout cela, on s'en sert encore, bien sûr, mais cela fait tout de même un peu démodé. La torture physique est vieille comme le monde; la ville de Sodome l'avait même érigée en système sinon en politique d'État. Les Romains, pratiques, s'en étaient servis seulement pour arracher des confessions. Les inquisiteurs aussi.

De nos jours, le tortionnaire spécialisé s'efforce

d'innover; il se veut original. Et psychologue. Il veut prouver qu'il a plus d'imagination que sa victime. Par rapport à celle-ci, il sera toujours en avance, donc en position de force. En dernière analyse, le vrai tortionnaire, le tortionnaire artiste, se sait seul avec sa victime : c'est seulement par rapport à elle qu'il mesure l'étendue de sa victoire ou de sa défaite. Voilà pourquoi il éprouve ce besoin inné, peut-être irrésistible, de l'humilier : c'est l'humiliation qui constitue l'élément essentiel de la torture.

Ainsi, dans certaines prisons, on déshabille le prisonnier : la nudité procure un sentiment de vulnérabilité et de gêne supplémentaire. Ailleurs, on le promène les yeux bandés; ou bien, on l'entoure de silence : privé de ses facultés, l'homme se sent diminué, amoindri. Dans les prisons soviétiques spécialisées, les tortionnaires sont allés plus loin : en droguant le prisonnier, ils comptent estomper sinon étouffer sa conscience. Ainsi il sera réduit à l'état de jouet. Et d'objet.

Là, pourtant, le tortionnaire a dû avoir un mouvement de recul : il préfère, en face de lui, une conscience éveillée, capable d'éprouver douleur et angoisse. Si la victime ne se sait pas, ne se sent pas vaincue, il est en quelque sorte privé de sa victoire. Cette victoire, il ne peut l'obtenir de ses supérieurs, sa victime seule peut la lui fournir.

Paradoxe qui touche à l'absurde : le tortionnaire professionnel reconnaît à sa victime un pouvoir presque égal au sien. Tous les éloges de ses chefs ne valent pas le premier geste, le premier soupir de soumission de la victime. Aussi, plus le prisonnier reste lui-même en résistant, en se taisant, en serrant les dents, plus le tortionnaire se rapprochera de lui. Les romanciers n'ont pas inventé de toutes pièces ces bourreaux qui, après avoir fait preuve de cruauté brutale à l'égard de leurs victimes, regrettent de les voir mourir. Ces situations, ces liens étranges et complexes existent dans l'univers clos des chambres de torture; ils ont toujours existé. Certains inquisiteurs pleuraient tout en « donnant la question ». Et le courant « passe », comme on dit, entre le Roubachov et l'Ivanov d'Arthur Koestler.

Est-ce encore vrai aujourd'hui? Dans la plupart des prisons, les bourreaux et leurs victimes ne discutent plus idéologie ou sens de l'Histoire. Il ne s'agit plus de convaincre, mais de briser l'interlocuteur, de le faire parler par tous les moyens. De le faire avouer. De lui faire trahir ses complices vrais ou imaginaires. Des noms, encore des noms. Des faits, encore des faits, vrais ou fabriqués. Pour obtenir des résultats immédiats – là, le temps est un facteur primordial – on a recours aux méthodes anciennes. Les tortionnaires chiliens, syriens ou iraniens sont impatients : ils ne vont pas perdre leur temps à jouer au psychologue et, pour eux, un coup de poing est plus utile qu'une phrase. Des exemples? Il faut lire les rapports d'Amnesty International. On n'a jamais pratiqué la torture dans autant de pays. Ni de manière si variée.

La faim, la soif, l'épuisement, les menaces, l'isolement, le bruit, la station debout pendant des nuits et des nuits, le fouet, l'électrochoc, les brûlures, le viol : on lit ces récits avec un sentiment de honte.

D'autant plus que, au cours des dernières années, on s'attaque aux enfants. En Syrie, au Chili, en Irak, au Salvador, en Iran, dans d'autres pays encore, on arrête les enfants pour intimider les parents. Il arrive qu'on torture les uns en présence des autres. Existe-t-il de

peine plus grande, d'humiliation plus profonde? Les
témoignages là-dessus ne sont pas contestés – sauf par
les tortionnaires eux-mêmes. Au Salvador : Marianella
Garcia Villas et ses amis sont battus devant leurs
enfants; puis les enfants sont frappés devant leurs
parents. A Damas, la police politique amène les enfants
comme otages et les gardera des semaines, dans le but
d'agir sur leurs parents. Dans la prison iranienne
d'Evin, il y a une quarantaine d'enfants dont l'âge varie
de un an à douze ans : les policiers psychologues s'en
servent comme instruments de pression sur leurs familles. Écoutons un témoin : « Parfois les gardiens se
déchaînent à la fois sur la mère et sur son enfant en les
fouettant sauvagement... Quiconque a vu la terreur des
petits enfants, là-bas, ne l'oubliera jamais. »

Ainsi, nous pouvons le constater : les techniciens de
la torture continuent à perfectionner leur « art » et ils
frappent la victime à travers ceux qui lui sont proches.
Cette technique semble inédite, « révolutionnaire », car
si le châtiment collectif fut pratiqué déjà au temps des
Romains, si la chronique en retient quelques cas
pendant l'occupation nazie en Europe ou encore au
Goulag, ils ne sont pas nombreux. Ni fréquents. Donc,
pas caractéristiques. Et ce n'est que dans les années 70
que la torture par personne interposée est érigée en
système. Ce système est en vigueur dans la plupart des
pays dictatoriaux. On y torture des innocents parce
qu'ils sont innocents; à travers eux, on vise leurs frères,
leurs mères, qu'on soupçonne de ne pas l'être. En
imaginant les supplices que ses enfants ou ses parents
subissent à cause de lui, donc à sa place, le prisonnier
finira par douter de sa raison sinon de sa raison de
vivre : si le choix, pour lui, est entre deux formes de

trahison, à quoi bon continuer? Voilà le but du tortionnaire : acculer sa victime à l'absurde, au mépris de
soi-même.

J'ignore si ces méthodes abjectes sont considérées
par ses experts comme fructueuses. Je pense que non,
du moins je l'espère. Je sais seulement que nous devons
tout entreprendre pour y mettre un terme. Tant qu'elles
sont en vigueur, tant que des enfants sont cruellement
battus pour faire parler les adultes qui les aiment, nous
n'avons pas le droit de croire en l'humanité de l'être
humain. Pour y croire, nous devons le mériter.

Or, les enfants torturés, ensanglantés, mutilés, déna-
turés, assassinés devraient nous hanter.

Et nous interpeller. Pour nous rendre conscients de
notre complicité muette. Et honteuse.

# 4

# ISRAËL : ATTITUDES ET ENGAGEMENTS

Si quelqu'un m'avait dit, autrefois, dans mon enfance, que, de mon vivant, je verrais la résurrection d'un État juif libre et souverain, je ne l'aurais pas cru ; mais si l'on avait ajouté en ce temps-là qu'un État juif renaîtrait et que je n'y habiterais pas, je l'aurais cru encore moins. Et pourtant, pour des raisons qui m'échappent, je n'y habite pas.

Situation ambiguë, complexe et même pénible, que des amis israéliens refusent de comprendre. Pour eux, la Diaspora constitue une aberration qu'il serait facile d'éliminer : il suffirait que tous les Juifs aimant Israël aillent s'y installer. Ceux qui refusent sont traités de faibles, de lâches ou de sceptiques. « Allons, nous disent les Israéliens, combien de temps allez-vous crier : L'an prochain à Jérusalem ? Qu'est-ce qui vous empêche de faire de cette prière une réalité ? »

Rêve utopique ? Il l'a toujours été. Invités par Cyrus à rentrer en Judée, Ezra et Néhémias n'ont pu convaincre qu'une dizaine de milliers d'exilés de se joindre au mouvement de rapatriement. Les autres, et ils furent la majorité, choisirent de rester en Babylonie. Il n'y a jamais eu depuis une concentration totale du peuple juif sur sa terre ancestrale. Fallait-il s'en plaindre? Au contraire, disait un sage talmudique : mieux valait s'en réjouir. « C'est un service que Dieu rendit aux Juifs en les dispersant parmi les nations », insista-t-il. Résultat : des communautés florissantes se multipliaient à travers l'empire romain, grec et persan, alors que rien ne les y retenait; elles auraient aisément pu se transférer en Terre sainte. Qu'attendaient-elles?

« Qu'attendez-vous? nous interrogent les Israéliens. La venue du Messie? » Que pouvons-nous répondre? En ce qui me concerne, je préfère éviter ce genre de débat. Je me sens acculé à un mur qui risque de s'effondrer. Si j'abonde dans leur sens, je mens; si je défends ma position, je leur fais mal. J'ai dit « ma position ». Laquelle? En quelques phrases simples, la voici : il est donné au Juif, de nos jours, d'aimer à la fois Israël et les Juifs de la Diaspora; il n'est nullement obligé de choisir un camp plutôt qu'un autre; de même que le Juif, par définition et par tradition, peut vivre en plus d'une période, il peut s'attacher à plus d'une communauté géographique. Quiconque oppose Israël à la Diaspora ou la Diaspora à Israël finira par nuire à tous les deux. Aucune de ces deux collectivités ne pourra remplacer l'autre ou se substituer à elle. L'une devrait être le prolongement de l'autre. Malgré l'amour, inconditionnel, que je porte à Israël, je ne suis pas prêt à lui sacrifier la Diaspora. Et si certains Israéliens exigent de nous pareil sacrifice, ils ont tort.

J'avoue que ces idées-là ne furent pas toujours miennes. Il fut un temps, je l'ai dit, où mon rêve était de vivre sur la terre lointaine de mes ancêtres. Israël avait alors pour moi des connotations messianiques,

donc irréelles. Jérusalem me fascinait; je l'aimais plus
que n'importe quelle ville au monde. En prononçant son
nom, je pleurais et je riais de bonheur et de tristesse
mêlés. Grâce aux prières et aux études, je m'orientais
dans Jérusalem mieux que dans ma petite ville. En
pensée, je flânais dans ses ruelles, je captais ses bruits,
j'interprétais ses silences crépusculaires. A minuit, je
me voyais assis devant le Mur, près des mendiants
mystérieux qui, comme moi, comme nous tous, s'as-
seyaient là pour pleurer la destruction du Temple
survenue deux mille ans plus tôt.

Je me souviens : en 1943-1944 il devenait possible,
pour des Juifs hongrois, d'émigrer en Palestine. Des
« certificats » étaient offerts à des prix relativement
raisonnables. « Partons », avais-je suggéré à mon père.
Il repoussa l'idée. « Je suis trop vieux pour tout
recommencer ailleurs », m'expliqua-t-il.

Peu de temps après, nous dûmes tous nous déraciner
pour aller non pas recommencer, mais mourir ailleurs.

Je me souviens aussi : été 1945. Arrivés de Buchen-
wald en France, de jeunes déportés juifs répondent aux
questions qu'on leur pose. Où veulent-il aller? Certains
disent aux États-Unis, d'autres en Australie, d'autres
encore en Palestine. Je fis partie de ces derniers. Je ne
sais plus pourquoi, mais on me refusa le visa. Des
camarades y allèrent illégalement; moi je ne pus ou ne
voulus le faire; je ne me voyais pas en héros. Pourtant,
en 1947, je me présentai au bureau semi-officiel de
recrutement de la Haganah, prêt à partir me battre en
Palestine. Le médecin me déclara inapte au service
militaire.

Autrement dit : avant 1948, je voulais partir en

Palestine mais ne le pouvais pas; après, je pouvais mais ne le voulais pas. Pour quelle raison? Par crainte de rompre avec la Diaspora? Par conviction que mon travail devait me maintenir en exil? Quelque part dans mon être je sentais que je n'étais pas encore prêt. Je ne pouvais pas tourner la page. Trop de souvenirs me retenaient, m'enchaînaient. Trop habitué à vivre dans l'attente, je ne pouvais point y mettre un terme. La souffrance des Juifs me fascinait plus que leur victoire.

Explication trop commode? Possible. D'ailleurs, elle n'en n'est pas une. Comme l'existence juive tout entière, le phénomène de la Diaspora défie les explications. Combien de siècles les Juifs peuvent-ils attendre la Délivrance? Maimonide répond : « Bien qu'il soit en retard, j'attendrai chaque jour la venue du Messie. » Oui, chaque jour, pendant des années et des générations.

Mais qu'en est-il des Juifs laïcs? Les sionistes, les intellectuels, les industriels et les chefs communautaires, tous doivent tôt ou tard se demander pourquoi ils résident encore en Diaspora. En raison des conditions matérielles? S'il s'agissait seulement des avantages économiques ou sociaux, de nombreux Juifs les sacrifieraient. Mais alors, de quoi s'agit-il? De notre conviction que, sans une Diaspora puissante et consciente de ses devoirs, Israël subirait des épreuves plus graves dues à son isolement au sein des nations? Raisonnement logique et non dépourvu de valeur : de même que la Diaspora, de nos jours, ne pourrait vivre sans Israël, Israël ne serait pas Israël sans la Diaspora. Est-ce la seule motivation? Je n'en sais rien. Je sais seulement que j'appartiens, au même titre, à l'un et à l'autre. Les

deux communautés ont des droits sur moi. Les deux ont
le droit d'exister et de s'épanouir. Les propagandistes
idéologiques ou autres qui prêchent « la négation – ou
la liquidation – de la Diaspora » ont une conception
pessimiste de l'histoire. Le terme « liquidation » me fait
horreur. A mon avis, il y a de la place, dans le destin
juif, pour deux grandes communautés; il y en a
toujours eu. Il leur appartient de s'enrichir l'une
l'autre, de se seconder mutuellement par l'interrogation
que chacune représente pour l'autre.

Et maintenant, une histoire :

Je rencontrai un jour un vieux hassid qui, en termes
simples et émouvants, m'expliqua mon comportement
en me racontant le sien. C'était au début des années 70.
J'étais revenu dans ma ville natale avec une équipe qui
préparait un documentaire pour la télévision américai-
ne. A force de ressembler à elle-même, ma ville me
paraissait étrangère. Elle n'avait point changé, sauf
qu'elle n'avait plus de Juifs dans ses murs. La communauté qui, en 1944, avait compté quinze mille âmes
juives était réduite à moins de cent : quelques mendiants, des estropiés, des vieillards malheureux. Et
puis, je fis la connaissance d'un homme extraordinaire.
Sacrificateur rituel, on l'appelait Reb Moshé. Vêtu en
hassid, visage expressif, tourmenté, illuminé comme de
l'intérieur, lumière de Rembrandt, ferveur, passion : il
connaissait mon Rabbi, celui de Wizhnitz, il se souve-
nait de ses disciples, dont certains me restaient familiers. Je l'interrogeai : que faisait-il à Sighet? Des gens
avaient besoin de lui, de ses services, me répondit-il.
Trois ou quatre Juifs qui mangeaient kasher ici, deux
dans tel village, trois dans tel autre : si lui s'en allait,
que feraient-ils pour se nourrir? Aussi voyageait-il sans

arrêt de ville en ville, de communauté en communauté, de maison en maison. Çà et là, on faisait appel à lui pour enseigner à un garçon les prières de *bar-mitzva...* Et sa famille à lui, où était-elle? En Israël. « J'ai quatre fils, ils servent dans l'armée d'Israël, dit-il, dans les blindés. C'est simple : Israël a besoin de jeunes, alors j'y ai envoyé mes fils; ils ont besoin d'une mère, alors je leur ai envoyé ma femme. Moi? On a besoin de moi ici, alors je reste. » Nous avons bavardé longuement; je buvais chacune de ses remarques, chacun de ses souvenirs. Il se disait heureux, eh oui, vraiment heureux. Malgré sa misère? Malgré elle. En dépit de sa solitude? En dépit d'elle. D'ailleurs un Juif, selon lui, n'est jamais seul; Dieu est avec lui. Incrédule, je l'interrogeai encore : « Est-il possible que vous soyez heureux? ici? dans ce désert? parmi ces ruines? – Oui », dit-il en souriant. Bon, je voulais bien. Après tout, un hassid est capable de tout, même de bonheur. Mais avant de le quitter, je lui serrai la main et lui dis mon espoir de le revoir un jour, pas ici, pas dans ce qui avait été notre royaume hassidique, mais à Jérusalem. Et là-dessus, il se mit à pleurer silencieusement, sans cesser de sourire : « Oui, dit-il. Jérusalem... Un jour, j'y serai, moi aussi. J'irai prier au Mur. J'irai pleurer au Mur. J'y retrouverai d'autres disciples de notre Rabbi, et d'autres Rabbis, et ensemble nous chanterons si fort, si fort que les cieux en seront remués... » Je ne dis rien pendant un long moment, n'osant troubler sa rêverie. Puis son visage refléta tant de douleur, de nostalgie, que je ne pus m'empêcher de lui poser une nouvelle question : « Reb Moshé, dites-moi la vérité : pourquoi n'êtes-vous pas allé vivre à Jérusalem? » Il me regarda sans me voir; sans doute voyait-il un autre à ma place.

Puis, tout doucement, tout bas, il répondit : « Qui sait...
peut-être n'en étais-je pas encore digne. »

C'est à lui, à ce vieux sacrificateur, à ce Juste caché
des Carpates, pas loin de l'endroit où le Besht se
promenait avant de fonder son mouvement, que je
songe chaque fois que cette même question m'est
posée.

# 5

# LA HONTE DE LA FAIM

Corps émaciés, ventres gonflés, bras desséchés tendus comme en prière, têtes immenses mal posées sur des os décharnés : comment peut-on regarder ces images sans perdre le sommeil?

Et ces yeux, ces yeux d'affamés qui vous emplissent de frayeur : comment les fuir? Les yeux d'une mère qui porte son enfant mort dans les bras, ne sachant où aller ni jusqu'à quand : elle semble vouloir continuer à marcher, à chercher, à hurler en silence jusqu'au bout de la terre.

Et les yeux d'un grand-père qui doit se demander pourquoi et comment la création a échoué, et s'il valait la peine de fonder un foyer, d'avoir foi en l'avenir, de transmettre la misère de génération en génération.

Et les yeux des enfants : si profonds, si béants, si graves : que voient-ils? La mort? Le néant? Dieu? Et s'ils nous voyaient, s'ils nous cernaient pour juger notre refus de les voir?

Faim et mort, mort et famine, famine et honte : ces hommes et ces femmes qui, hier encore, étaient des membres fiers de leurs tribus dont ils incarnaient la culture des civilisations anciennes et immortelles, et qui maintenant errent parmi les cadavres en quête de repère sinon de salut : les pauvres, ils se rendent compte que pour eux la mort n'était plus individuelle. Ils meurent de faim et de fatigue par centaines; ceux qui les pleurent mourront le lendemain; et les autres n'auront plus la force de pleurer.

La faim, dans l'Antiquité, représentait la pire des malédictions pour la société. Riches et pauvres, jeunes et vieux, rois et serviteurs vivaient dans la crainte de la sécheresse possible, ils joignaient les prêtres en implorant le ciel de s'ouvrir à la pluie. La pluie signifiait moisson; moisson signifiait nourriture; nourriture voulait dire vie et l'absence de nourriture voulait dire mort. Et cela est vrai de nos jours aussi.

La faim engendre l'humiliation. Qui a faim éprouve un sentiment accablant de honte : qui a faim ne songe qu'à sa faim. Elle remplit son univers. Diminué par la faim, l'être humain l'est à la fois physiquement et spirituellement. Sa fantaisie ne court pas après les paroles ni après les sons, seulement après les miettes d'un pain égaré ou oublié dans le sable brûlant. Sa prière ne s'élève pas vers Dieu, mais vers un bol de lait. D'où la honte.

En hébreu ce terme n'est lié qu'à un seul mal : la faim. *Kherpat raav* : la honte de la faim. On n'associe pas la honte à la maladie ni même à la mort; seulement à la faim. Car l'être humain peut vivre en souffrant; mais nul ne devrait endurer la faim.

La faim signifie subir la torture, la pire de toutes. La personne affamée est tourmentée par tous les hommes qui mangent à leur faim. Et par les éléments. Par le vent et le ciel et les étoiles. Par le bruit des arbres et le silence de la nuit. Par le temps qui s'écoule si lentement, si lentement.

Acquiescer à la faim d'autrui c'est accepter sa douleur, sa honte, sa torture.

La faim isole; elle ne peut se concevoir du dehors. Qui n'a pas faim jamais ne comprendra celui qui en souffre. La faim défie l'imagination; elle défie même la mémoire. Elle ne se décline qu'au présent.

Voilà pourquoi l'on en parle si mal. La faim n'inspire pas, ne doit rien inspirer sauf le refus de la faim, et la révolte contre la faim. L'expérience de la faim ne se communique pas, ne se raconte pas, ne se revendique pas. La faim ne relève pas d'un choix.

Mais, nous dira-t-on, qu'en est-il des grévistes de la faim? N'ont-ils pas choisi librement de se priver de nourriture? Ne connaissent-ils pas la faim? Oui, mais non pas de la même manière. Tout d'abord, ils peuvent arrêter l'épreuve quand ils le veulent bien. Et puis, même quand ils souffrent, ils sont seuls à souffrir. Les êtres qui les entourent ne participent pas à leur épreuve. Et, enfin leur épreuve a un sens. Or, ce n'est pas le cas des affamés en Ethiopie, par exemple. Là, la faim est irrévocable. Et contagieuse. Et dépourvue de signification. Et de but.

Terrifiante, la faim rend impuissant celui qui la subit. Un père qui assiste à l'agonie de son fils, une mère qui ne peut secourir son enfant, un enfant qui est désarmé devant la misère nue de ses parents : si la honte a un abîme, c'est celui-là. Car, là, la souffrance s'additionne, et la faim aussi, et la honte aussi.

Du coup, les rapports familiaux sont brisés. Le père est sans ressources, la mère sans espoir et les enfants, les enfants croulant sous le malheur vu et vécu deviennent vieux, très vieux, et bientôt ils seront plus vieux que leurs parents.

Et pourtant, en dépit de sa dimension divine ou maléfique, la faim reste le seul des maux universels qui puisse être limité, atténué, apaisé et à la limite vaincu non pas par le ciel, ou le destin, mais par des êtres humains.

D'où notre responsabilité accrue pour ses victimes.

C'est que, contrairement à ce qu'il arrive lors des grands cataclysmes de la nature, la faim peut être arrêtée presque sans effort : un geste généreux, un acte humain y suffirait. Un morceau de pain, un peu de soupe, de lait, de riz : toute la différence entre la vie et la mort y est.

Autrement dit : de six à huit millions d'êtres humains sont menacés en Ethiopie. Ils vont mourir, et ce sera par notre faute. Ils vont mourir si nous ne faisons rien pour les sauver. Par quels moyens ? Lançons un appel aux dirigeants du monde libre de considérer le combat contre la faim comme une urgence qui nécessite opérations et moyens exceptionnels.

Si les États-Unis pouvaient, en 1948, établir un pont aérien pour Berlin, ils doivent en faire autant pour l'Éthiopie de l'an 1984. Une nation qui est capable d'envoyer des véhicules dans l'espace et les récupérer ensuite doit être capable de sauver des vies humaines qui agonisent sur terre. Que l'Amérique fasse le premier pas, et tous ses alliés apporteront leur concours. Après tout, il s'agit de peuples généreux et pleins de compassion. C'est un fait : des organismes privés ont mobilisé tous leurs efforts pour les affamés d'Éthiopie. Juifs et catholiques et protestants et bouddhistes et musulmans : tous ont répondu aux appels au secours venus du désert africain. Des enfants renoncent à leur repas, des familles qui téléphonent dans toutes les villes du continent, des synagogues et des églises qui collectent des donations : une lame de fond a soulevé la communauté humaine partout. Maintenant il incombe aux gouvernements d'agir : il n'y a qu'eux qui soient en mesure d'organiser l'envergure des opérations.

Moi, j'avoue que les affamés d'Éthiopie jour après jour me bouleversent : ils me rappellent d'autres affamés, ailleurs, en un autre temps. Certes, je ne compare pas. Mais je n'ai pas le droit de ne pas prendre le passé comme terme de référence. En clair : C'est parce qu'un peuple a été marqué pour l'extinction que d'autres l'ont été pour l'esclavage. Parce que la solution finale a été envisagée contre les Juifs, d'autres solutions l'ont été contre d'autres collectivités. A un certain niveau, tous les drames humains sont liés.

Je dis donc que, parce que nous avons connu la faim, il nous appartient de lutter contre la faim. Parce que nous avons subi la honte, il nous incombe de nous opposer à la honte. Parce que nous avons entrevu le côté le plus laid de l'humanité, il nous importe d'en appeler à son aspect le plus noble.

# 6

# PUISSANCE
## ET IMPUISSANCE NUCLÉAIRES

Nous regardions, mon fils et moi, les nouvelles à la télévision. Une annonce publicitaire nous intrigua : deux généraux caricaturaux – un américain et un soviétique – soufflaient dans un immense ballon sans se soucier du fait qu'il allait éclater; le ballon, c'était notre planète.

Pour empêcher la catastrophe, les téléspectateurs furent invités à envoyer la somme de quinze dollars à une association antinucléaire dirigée par des acteurs hollywoodiens. Moi, la publicité m'agace; elle intéresse néanmoins mon fils. D'habitude, elle l'amuse; cette fois-ci, il l'a prise au sérieux. « J'aimerais que tu m'avances quinze dollars sur mon argent de poche, me dit-il soudain. Tu veux? » Naturellement, son geste m'a plu, mais je ne le lui ai pas montré. Au contraire, j'ai essayé de l'en dissuader : « Tu es trop jeune, laisse-moi m'occuper de ces choses-là; de toute façon je suis actif dans la campagne antinucléaire, et ce que je fais, je le fais aussi pour toi et en ton nom. » Impossible de le convaincre. Obstiné, il réclamait les quinze dollars. Je perdis patience : « Mais pourquoi y tiens-tu? pourquoi es-tu tellement concerné? » Son visage devint grave, très grave, et il répondit : « Je suis beaucoup plus concerné que tu ne le penses. »

Et pourtant mon fils, à cette époque-là, n'avait que onze ans.

Quelques jours auparavant, nous avions regardé ensemble le film d'épouvante intitulé *le Jour d'après*. J'avais redouté une possibilité de panique de sa part ; il m'avait rassuré : « Ce n'est qu'un film. » Cependant, il en fut affecté. Certes, les superproductions de science-fiction, avec leurs évocations d'horreur, il en avait l'habitude : les planètes détruites, les survivants errant dans l'espace, il connaissait. Mais *le Jour d'après,* c'était autre chose. Au milieu de la projection, il exprima soudain le regret que notre cassette ne comportât point de publicité pour interrompre l'action. Intuitivement, il avait compris : cette histoire était bel et bien différente. Contrairement aux autres, elle relevait du domaine du possible. *La Guerre des étoiles,* c'était de la fantaisie. *Le Jour d'après,* non. D'avoir compris cela coûta à mon fils quinze dollars prélevés sur son argent de poche.

Parlons donc du film lui-même. C'était un prétexte, bien sûr. Pour amorcer le débat. L'appareil des relations publiques a fait le reste. Déclarations des politiciens, des humanistes, des moralistes, discussions collectives dans les synagogues et les églises, commentaires de la Maison-Blanche. Résultat : cent millions d'habitants américains ont vu le programme. Autrement dit : la diffusion du film et du débat qui l'a suivi est devenue elle-même un événement. Marx avait raison : il arrive que la quantité devienne qualité. Que cent millions d'individus s'intéressent à quelque chose et ce quelque chose se transformera en autre chose. Du coup, le film sur Kansas City s'est transformé en un film sur l'Amérique. En d'autres termes : la réaction générale, massive, au programme revêtait une importance égale à celle du programme lui-même.

C'est quoi, le film? L'histoire d'une fin du monde. Elle montre une ville qui vit, une communauté qui s'agite, une menace qui se précise : en un clin d'œil la ville est en ruine, la communauté en poussière; et la menace prend le visage de la désolation et de la mort.

Le pire? Le sentiment, la sensation de l'irrévocabilité qui domine l'action. Une fois les fusées parties, impossible de les ramener. Dieu même ne pourrait changer le passé, disait-on jadis. Maintenant c'est l'avenir lui aussi qui risque de lui échapper. Une fois déclenché, le processus de l'anéantissement planétaire est irréversible. Trente minutes séparcront le geste du dénouement.

Et tous ces hommes qui vont à leur travail, et toutes ces mères qui bercent leurs enfants, et tous ces amoureux qui courent vers le bonheur : ils ne le savent pas, mais ils ne sont plus de ce monde.

Quelques rares survivants exceptés, les vivants vont être réduits à de la matière morne et morte.

Voilà où nous en serons tous ce jour-là, le jour d'après. Si nous laissons faire.

Pour des raisons qui m'échappent, j'avais été invité par Ted Koppel à participer au débat suivant le film. Des amis m'ont confié plus tard qu'ils avaient été étonnés de me voir là, sur l'écran, en compagnie d'experts éminents tels que Henry Kissinger, Robert McNamara et Carl Sagan. L'avouerai-je? Je ne me sentais pas à ma place. Je me battais contre le trac, contre la paralysie mentale : je savais d'avance qu'à cause de mon éducation – de mon manque d'éducation? – je ne comprendrais rien à ce que mes collègues diraient. Mauvais sinon nul en sciences, qu'allais-je pouvoir dire d'intelligent – non : d'intelligible – sur le sujet débattu? Pourtant, élève appliqué, je m'étais préparé comme pour un examen.

J'avais lu tout ce que j'avais pu trouver sur ce thème : livres sérieux et pamphlets moins sérieux, essais et articles, poèmes et litanies; j'ignorais que le sujet fût si populaire, qu'il touchât tant de gens de milieux si divers. Prêtres et acteurs, psychiatres et rabbins, avocats et peintres, jeunes et vieux, chauffeurs de taxis et employés de bureau avaient, au demeurant, envoyé des milliers de lettres – enrichissant d'autant la littérature nucléaire – ou antinucléaire...

Ce que j'ai appris? Des choses simples et effrayantes. Pour la première fois depuis le commencement des temps, l'homme possède les moyens de se détruire lui-même et d'entraîner la création tout entière dans le précipice. Il lui suffirait d'un geste, d'une impulsion, d'une erreur, d'un accès de démence pour que la terre fût en cendre. Tout le reste n'est que commentaire.

Que les puissances occidentales possèdent quarante

mille ou trente-huit mille fusées intercontinentales, que l'Union soviétique en possède le même nombre ou un peu moins, ou un peu plus, ces jeux mathématiques de la terreur nous placent à côté de la vraie question, qui traite de la survie de l'espèce. Jadis, en temps de crise, à la veille des convulsions, les hommes se demandaient : qui vivra, qui mourra? Maintenant nous n'en sommes plus là. Nous savons que nul ne survivra. Et pourtant, cela constitue non pas une réponse mais une question – la plus urgente qui soit : que nous reste-t-il à faire pour changer le cours des choses, pour modifier l'équation. La réponse? Je ne la connais pas. D'ailleurs, lors du débat, je l'ai dit clairement : « Je ne suis expert en rien. » Les stratèges présents nous firent part de leurs théories de salut : réduction, contrôle, accords multilatéraux, vérification avant la riposte éventuelle... L'un proposa un programme en dix-huit points, un autre objecta, rectifia, protesta... Tout d'un coup, je compris que, dans le studio où nous nous trouvions, nous étions déjà en train de faire la troisième guerre mondiale.

C'est que je parle d'expérience : l'impossible devient facilement possible; l'impensable s'accomplira. Une société où tout un peuple a été voué à l'anéantissement s'est elle-même déshumanisée au point qu'elle ne perçoit plus sa propre fin. A force de susciter le mal ou de le côtoyer, elle se retrouve incapable de lui résister. Aboutissement de l'Histoire, Auschwitz en signifie également le commencement. Tréblinka marque le début de l'ère du péril planétaire. Avec la « solution finale », l'humanité a franchi un seuil redoutable. Depuis, tout peut arriver. Aussi n'ai-je pas honte de le déclarer : oui, j'ai peur.

A vrai dire, ce n'est pas la première fois que j'en suis conscient. Il y a vingt ans, il s'agissait d'une psychose. On encourageait les habitants à préparer les abris antinucléaires, à les moderniser, à les surveiller, à y renouveler les réserves d'alimentation, d'eau et de vêtements. On préparait, au niveau gouvernemental, des plans d'évacuation et de sauvetage. A l'université, ou dans les séminaires, on discutait les aspects éthiques de l'événement-au-cas-où... Je me souviens des débats dans la presse et dans les grandes écoles : comment déterminer qui accueillir dans un abri? Selon quels critères faut-il sauver celui-ci, donc condamner celui-là? Un homme qui refuse d'ouvrir la porte de son abri à un voisin est-il coupable, et si oui : de quoi? Cet homme a-t-il le droit d'employer la force pour protéger son foyer souterrain? Les discussions, on les entendait, on y assistait partout. Parallèlement, les affaires nucléaires, donc aussi antinucléaires, se portaient bien. On misait sur la peur et on en profitait. Et moi, au lieu de crier : Bravo, que continue donc cette prise de conscience! je me renfrognais; j'éludais le débat : il me rappelait trop le temps de l'épouvante où il n'était déjà question dans les conversations que d'abris, de ravitaillement, de familles à protéger, d'êtres à sacrifier. Dans certains ghettos, l'ouvrier, autorisé à vivre quelques mois ou quelques semaines de plus, devait choisir entre sa mère ou son épouse : son certificat offrait la protection d'un seul parent proche. Lequel sauver, lequel condamner? Ce choix-là, cette liberté-là, cette puissance-là, je les connais; je les récuse d'avance; et j'ajoute qu'aujourd'hui elles appartiennent au monde des illusions. La prochaine fois, nul ne sera sauvé.

Alors, je sais bien qu'il y a des optimistes qui

s'efforcent de nous rassurer et qui misent sur l'instinct de conservation de nos dirigeants. Ceux-ci, plaident-ils, sont tout ce qu'on veut, sauf des suicidaires. Et cela vaut à Moscou autant qu'à Washington. Soit. Sauf qu'un accident est toujours possible. Une erreur de calcul. Un ordinateur déréglé. Un message mal rédigé, mal interprété. Nulle garantie n'existe contre les bévues. Et puis, ce n'est pas tout. Les petits chefs des petites nations, aux ambitions démesurées, où les placer dans l'équation? Poussés au fanatisme virulent et haineux, ils seraient capables de déclencher la catastrophe mondiale. Un Kadhafi ou un Khomeyni n'hésiteraient point, au nom de leur foi hermétique, à donner la mort et à la subir. Leurs disciples aussi, on l'a vu récemment : un exalté capable de conduire un camion bourré d'explosifs pour massacrer des centaines de soldats occidentaux, en y laissant sa vie, saura conduire, avec le même enthousiasme, un petit camion nucléaire. Tuer trois cents personnes ou en anéantir un million ne fera à ses yeux aucune différence de nature, et pas même de degré. Il sait : au bout de la route, c'est le paradis qui l'attend. Et là, c'est son Seigneur qui l'accueillera avec le sourire de la récompense.

En d'autres termes : il ne faut pas trop se hâter d'exclure la possibilité des nations suicidaires. Si Hitler avait possédé des fusées nucléaires, il s'en serait servi à n'importe quel moment, et surtout vers la fin, dans son bunker, tandis qu'il rédigeait son testament et préparait son auto-immolation. Relisez les documents : le tyran allemand en était à souhaiter la ruine totale de son pays, la défaite humiliante de l'Allemagne. Pourquoi? Parce qu'elle le méritait et qu'elle n'avait pas su se montrer digne de son chef. Puisque lui, Hitler, était

vaincu, il fallait que la nation tout entière le fût. De là
à dire que sa mort justifiait celle de l'humanité, il n'y
avait, dès lors, qu'un pas.

Fou, Hitler? Je veux bien. Mais cela prouve, dans ce
cas, qu'un fou peut accéder au pouvoir. Et rien ne nous
garantit qu'un nouvel aventurier politique ne soit en
mesure de jouer, une fois encore, avec notre destin
collectif.

Répétons-le, il le faut : les petits dictateurs sont plus
à craindre que les grands. Non que ceux-ci aient
toujours un sens plus développé, plus aigu de leurs
responsabilités. Mais autour d'eux le mécanisme de
commandement offre des garanties plus raisonnables :
aucun dirigeant d'une grande puissance, occidentale ou
communiste, ne pourrait prendre la décision nucléaire
seul, sur un coup de tête, ou dans une crise de
démence; un « petit », si. C'est la prolifération, autrement dit, qui constitue le danger le plus grave. Elle
introduit un élément frivole, presque capricieux, dans
le jeu : il suffirait qu'un futur Idi Amin se lève de
mauvaise humeur pour que les cieux répandent leurs
flammes sur la terre.

Alors, bien sûr, le problème est complexe. Dans le
monde actuel, soumis à des courants nationalistes
démesurés, qui aura le courage de conseiller la prudence ou même l'abstinence nucléaire à des États
jeunes ou en voie de développement sans risquer de les
offenser? Au nom de quel principe va-t-on partager la
planète nucléaire entre les ayants droit et les autres, de
seconde classe? Il court, il court, le dieu atomique, il
court aussi vite que la mort, plus vite peut-être. Si nous
ne l'attrapons pas à temps, c'est lui qui risque de nous
attraper.

Lors du fameux débat télévisé, j'avais choqué certains participants en disant qu'en voyant le film j'avais l'impression que le monde entier était à présent devenu juif.

Explication : cela fait deux mille ans que nous, Juifs, vivons dans un état permanent d'incertitude; nous ne savons jamais ni où ni comment le danger frappera; nous évoluons constamment au bord d'un abîme parfois visible, au seuil de l'inconnu. Eh bien, maintenant, on pourrait en dire autant de l'humanité dans son ensemble. Nous vivons *tous* dans cet état d'inquiétude, de sursis. Et puis ceci : cela fait deux mille ans que nous, Juifs, dépendons des décisions, réfléchies ou capricieuses, d'un homme qui ne nous connaît pas et que nous ne connaissons pas. La haine du Juif transcendait cultures et frontières; on nous massacrait pour des raisons contradictoires, et souvent sans raison; la haine envers nous tenait de l'irrationnel. Eh bien, là aussi, nous en sommes tous à redouter l'irrationnel.

Pour ne pas avoir l'air de tomber dans un pessimisme exagéré, j'ajouterai que, malgré les massacres, les Juifs sont toujours là et qu'ils ont survécu à leurs persécuteurs. Qu'est-ce que cela signifie? Simplement ceci : ils ont survécu grâce au Livre qu'ils avaient emporté en quittant Jérusalem pour un exil infiniment long et infiniment éprouvant. Autrement dit : les Juifs sont comme les vivants et éternels témoins de ce que l'instinct d'anéantissement existe – mais aussi de ce que l'on peut lui survivre, si... si, quoi? Si l'on ne trahit pas le Livre, c'est-à-dire la Loi.

Est-ce à dire que les textes juifs avaient prévu le mal
et sa guérison? A première vue, la réponse semble être
affirmative. Donc, encourageante. Et si l'on prend le
cas de Noé, par exemple, le plus net de tous, on est
triste, certes, pour ses contemporains, mais heureux
pour ses descendants.

Dieu, objectera-t-on pourtant, ne lui a-t-il pas promis
de ne jamais plus se servir du déluge contre ses
créatures et leur monde? Oui, c'était Sa promesse.
Cependant elle exige deux précisions. Premièrement :
Dieu parlait de déluge, d'eaux torrentielles, mais ne
disait pas que le monde ne risquait pas la destruction
par le feu. Deuxièmement : Dieu avait dit à Noé que
Lui, Dieu, ne détruirait pas le monde, mais il n'a jamais
exclu la possibilité que l'homme lui-même pût être
l'auteur de sa propre fin.

Mais restons-en aux textes. Envisagent-ils la possibilité, la réalité de cette fin? L'apocalypse, en termes
universels, n'a jamais préoccupé nos prophètes et
visionnaires. La seule fois où il est question d'une fin
totale, elle implique le peuple juif, et non les autres
nations. La scène : au Sinaï, avant la Révélation. Dieu,
selon le Talmud, offre sa Loi à ses créatures, et se
heurte à un refus général. Il se tourne vers les enfants
d'Israël; même insuccès. Alors, Dieu soulève le mont
Sinaï, le maintient suspendu au-dessus de la foule et
dit : Si vous acceptez ma Loi, vous vivrez; sinon, c'est
ici-même que vous périrez. En d'autres termes : si
Israël avait dit non, à ce moment-là, il n'y aurait pas eu
d'Israël.

Mais les textes, encore une fois, n'insistent guère sur
le thème de l'apocalypse universelle. L'une des raisons
de la non-inclusion de certains ouvrages apocryphes

dans le canon provient de leur emphase sur l'apocalypse. La fin des temps, pour le Juif, ne signifie pas la fin
du monde. Le Messie ne viendra pas sauver des morts;
il viendra aider les vivants.

Certes, on rencontre dans le Talmud des cas où Dieu
se fâche et menace de laisser éclater sa colère. Mais de
quoi s'agit-il? D'anéantir le monde? Non. L'expression
qu'il emploie suggère un châtiment différent : «*Akhzir
et haolam letohu-vabohu*» – je restituerai l'univers à
son chaos premier. Est-ce suffisamment explicite? Le
vrai châtiment ne serait pas l'anéantissement – que le
Créateur lui-même n'est pas prêt à envisager – mais le
chaos.

Le chaos? Il nous entoure. Il nous pénètre. Êtres et
objets ne sont plus à leur place. Comme Dieu, comme
le peuple d'Israël, comme la parole, ils sont tous en exil.
On néglige la terre pour l'espace. On couronne l'ordinateur-dieu et on le laisse décider pour nous. On prive
la musique de son chant et la parole de son ampleur.
Corrompu, trahi, le langage des hommes les conduit
aux ténèbres et non vers la lumière.

Résultat de l'Holocauste : la tragédie de la tragédie,
c'est qu'elle n'a pas provoqué un changement salutaire
à l'échelle de l'histoire. Comme la femme de Loth,
nous avons regardé en arrière, mais rien n'est arrivé.

Lorsque meurt un Juste, dit le Talmud, c'est signe
qu'un grand châtiment va s'abattre sur le monde. Si
cela est vrai d'un Juste, si la mort d'un seul être
annonce une catastrophe, que dire de la mort de six
millions?

Autrement dit : et si Auschwitz n'avait été qu'un
avertissement?

# 7

# LES JUSTES PARMI NOUS

Quelques étincelles dans la nuit...

On les appelle « Les Justes parmi les nations ». On connaît leurs noms, inscrits pour la plupart dans le registre d'honneur de *Yad Vashem* – l'Autorité israélienne du souvenir – à Jérusalem. Des arbres sont plantés à leur mémoire, formant une avenue singulière et bouleversante : vous marchez là et vous retrouvez votre foi, bien que mélancolique, en l'humanité.

J'avoue que, sur le plan personnel, leur histoire ne fait pas partie de la mienne. Je n'en ai rencontré aucun sur mon chemin, et sûrement pas durant la guerre. Pas un de nos voisins chrétiens n'avait risqué sa vie pour recueillir, cacher, sauver un ami juif ou ses enfants. Je me souviendrai toujours de notre dernière marche vers la gare : la ville, sous un soleil de printemps, semblait si paisible, pas du tout triste de nous voir partir, partir vers l'inconnu.

Mais il en existait ailleurs. En Hollande et en Pologne, en France et en Italie : le mal sévissait partout en Europe occupée, mais partout aussi des individus lui résistaient et tendaient une main secourable aux victimes livrées à l'ennemi et à la mort.

Anton Schmidt, ce caporal autrichien, paya de sa vie

l'aide apportée aux Juifs du ghetto de Vilna. Yoop Westerweel, éducateur hollandais, qui sacrifia la sienne en aidant les enfants juifs de son pays. Ingebjorg Fostyedt Sletten, membre de la Résistance norvégienne, sauva la famille du grand rabbin et d'autres familles juives d'Oslo. Léopold Ros de Belgique, Ezio Giorgetti d'Italie, Maria Choleva de Grèce, le colonel Imre Revicky de Hongrie : chaque nom raconte une histoire héroïque et humaine que le peuple juif, fidèle à ses bienfaiteurs, ne cesse de citer en exemple. En Allemagne, Oscar Schindler était presque un inconnu ; en Israël, il était reçu en héros. Cela est vrai de la plupart des « Justes ». Oubliés chez eux, ils demeurent légendaires chez les Juifs.

Le plus célèbre est, bien sûr, Raoul Wallenberg. Ce jeune diplomate suédois, issu d'une famille illustre, quitta sa patrie, sa maison et la sécurité de la capitale neutre, pour aller sauver des milliers de Juifs à Budapest.

Là encore son destin n'a pas croisé le mien. Raoul Wallenberg est arrivé trop tard pour les communautés juives des provinces, et surtout celles de Transylvanie. Trop tard pour empêcher Eichmann de faire marcher les « moulins de la mort » à Auschwitz. Mais il y avait encore des Juifs à Budapest. Wallenberg n'était pas le seul à s'interposer entre eux et les Allemands : le consul suisse Charles Lutz, le consul espagnol Don Angel Sans Briz, le nonce apostolique et la Croix-Rouge, aidés par la Résistance sioniste clandestine, tous sont entrés dans l'Histoire. Mais Wallenberg, par son courage, par son imagination créatrice aussi, montra la voie.

Il y eut aussi des efforts collectifs. Le cas du Danemark en restera à tout jamais l'exemple glorieux.

Celui de la Bulgarie aussi. On connaît bien le premier. Le roi du Danemark avait stupéfié les occupants en annonçant son intention de porter l'étoile jaune en signe de solidarité avec ses sujets juifs. En 1943, alertée par un officier allemand, la Résistance danoise, dans un admirable mouvement d'héroïsme collectif, réussit à sauver tous les Juifs du pays en les envoyant en Suède. Et quand ils rentrèrent, après la Libération, ils trouvèrent leurs maisons en ordre et des fleurs sur la table.

Quant au peuple bulgare, il protégea la population juive. Inspiré par un intellectuel courageux, Dimo Kazasov, le peuple bulgare, à l'exception de quelques collaborateurs nazis, fit échouer les plans allemands de déportation des Juifs vers les camps de la mort.

Comment expliquer ces gestes humains? A quoi attribuer l'audace, la compassion et la générosité des uns, alors que les autres, souvent la majorité, avaient opté pour la collaboration avec le bourreau, pour la complicité, ou tout simplement pour le confort et l'indifférence? Les Danois seraient-ils meilleurs que les Polonais? Plus humains, plus héroïques? Les Bulgares seraient-ils plus concernés par des impératifs éthiques que les Ukrainiens? Comment comprendre les villageois du Chambon, alors que le danger qui les guettait était le même qu'ailleurs? Comment expliquer le courage d'un moine franciscain, le père Ruffino Niccacci, du village d'Assisi, qui en pleine Italie fasciste réussit à cacher trois cents Juifs jusqu'à la fin de la guerre? Comment comprendre l'abnégation de quelques individus, alors que la société qui les entourait était dominée et empoisonnée par la terreur, la lâcheté et la haine?

En étudiant leurs histoires, à la fois si simples et si

différentes, on découvre avec étonnement que leur tâche, librement choisie, était en même temps plus facile et plus difficile qu'on ne le croyait. Plus difficile? Il ne faut pas oublier deux choses : le pouvoir sanglant et cruel du régime, et la solitude de ses opposants. Dans certains endroits, les Allemands punissaient de prison et de mort toute tentative d'hébergement des Juifs fugitifs. Les mouchards ne manquaient pas. Dénoncer un voisin était fréquent, et souvent bien récompensé. Accueillir une famille juive ou même un enfant juif comportait des risques graves. D'autant qu'on ne pouvait jamais savoir combien de temps cela allait durer : une semaine? une année? Je connais une jeune femme juive d'un village polonais qui a vécu durant toute l'épreuve dans une petite mansarde sans lumière. Et un homme qui s'est bien tenu recroquevillé dans une armoire pendant des mois et des mois. Et un petit garçon qui a dû rester muet dans une étable. Et un couple de jeunes mariés, qui n'ont jamais quitté leur abri souterrain, même pendant les bombardements.

Comment les propriétaires de ces maisons refuges pouvaient-ils être sûrs que leurs greniers, que leurs caves, en ville ou à la campagne, ne seraient pas inspectés? Ou qu'un voisin, en passant, percevant des bruits insolites, ne les trouverait pas suspects?

Comme les victimes elles-mêmes, leurs protecteurs, vulnérables, vivaient seuls et aux aguets. Ils ne pouvaient s'appuyer sur un milieu complice ni sur un mouvement clandestin autour d'eux. Se rangeant aux côtés des victimes, ils se situaient sous leur signe. Du coup, ils connurent la crainte et le tremblement, mais aussi la dignité du sacrifice consenti.

Cela dit, insistons sur le fait que choisir le côté de

l'humanité était chose relativement facile. Il ne fallait guère être héroïque ou fou pour s'apitoyer sur un enfant abandonné. Il suffisait d'ouvrir une porte, d'offrir quelque document ou un bout de pain; il suffisait de vouloir regarder, écouter, frémir à la vue de tant de misère, de tant de misère et d'agonie.

Eh oui, pour être « juste », autrement dit : pour atteindre le sommet de l'humain, en ce temps-là, il suffisait de rester humain, c'est-à-dire : d'avoir mal pour ceux et avec ceux qui avaient mal, de pleurer sur les multitudes qui s'en allaient à la mort certaine, de tendre la main vers les enfants traqués et affamés qu'une armée d'acier écrasait jour après jour.

Les « Justes », qui étaient-ils? Des êtres ordinaires pour la plupart. Prêtres et nonnes, paysans et ouvriers, médecins et commerçants, artisans et instituteurs : peu de célébrités, point de célébrités parmi eux. Tous tiennent à dire qu'ils ne se considéraient nullement comme des héros : à les en croire, ils n'avaient agi qu'en hommes et en femmes honnêtes qui, pour paraphraser Charles de Gaulle, avaient « une certaine idée de l'humanité ». « La loi contre les Juifs bulgares aurait mis en danger le peuple bulgare lui-même », écrivit Dimo Kazasov à son Premier ministre en 1940. « J'ai vu, écrivit Anton Schmidt dans sa dernière lettre à sa famille, j'ai vu comment deux cents, trois cents Juifs ont été fusillés; j'ai vu comment des enfants ont été massacrés... En aidant les Juifs, j'ai agi tout simplement comme un être humain qui ne voulait nuire à personne. » On retrouve ce besoin de modestie, cette humilité sincère, chez tous les sauveurs de Juifs. Pas de grandes phrases, pas de slogans grandiloquents. Est-ce que cela signifie qu'en ce temps-là, la conscience avait

fui une certaine élite? En examinant les dossiers ayant
trait à l'attentat célèbre du 20 juillet 1944, l'on se rend
compte, non sans tristesse, que le facteur éthique en est
presque totalement absent : les conspirateurs parlent
stratégie, politique, philosophie, mais non des crimes
que leur gouvernement et leur armée étaient en train de
commettre contre le peuple juif – crimes qu'ils ne
pouvaient pas ne pas connaître. Anton Schmidt n'était
pas général; seulement caporal.

*Yad Vashem* déclare posséder à peu près quatre
mille cinq cents noms de « Justes » qui ont essayé de
sauver des Juifs pendant l'Occupation. Est-ce beaucoup? Pour tant de pays? Pour six millions de victimes?

Soyons prudents. Ne tombons pas dans l'excès. Si
ces Justes justifient notre foi en l'humanité, ils
devraient, sur un autre plan, également justifier notre
méfiance à l'égard de la société. Pour un Oscar
Schindler, combien de collaborateurs? Pour un Raoul
Wallenberg, combien de spectateurs indifférents? Pour
un Anton Schmidt, combien de volontaires dans les
divisions SS? Pour une âme secourable et charitable,
combien de *szmalcowniks,* ces voyous abjects qui
parcouraient les rues des cités occupées à la recherche
de Juifs munis de documents aryens?

Quelques étincelles suffisent-elles à éclairer les ténèbres? Quelques hommes, quelques femmes courageux
suffisent-ils à réhabiliter un univers meurtrier?

Certes, le mystère du bien vaut celui du mal; mais
s'agit-il du même mystère?

# RÉFLEXIONS SUR L'EXODE

## I

Pour s'insérer dans le temps et dans l'histoire, Adam et Eve durent quitter le paradis. Abraham s'arracha à la maison de son père pour pouvoir devenir fondateur de nation. En abandonnant son nom, Jacob se réfugia dans celui d'Israël. Ce qu'ils ont en commun c'est le rôle que l'exode joua dans leur destin.

D'autres peuples ont connu l'expulsion; le nôtre seul s'en souvient. Tout nous y rattache. Un Juif est juif par rapport non à la Création mais à la sortie d'Égypte. Les lois que nous observons, les coutumes que nous partageons, les traditions que nous maintenons sont toutes enracinées dans l'expression qui nous suit comme une hantise : *Zékher liyetziat mitzraim* – en souvenir du départ d'Égypte. Chaque Juif est censé se considérer comme s'il y avait participé lui-même. Nous étions tous esclaves chez Pharaon avant de nous réveiller libérés et libres. Être juif, c'est remonter dans la mémoire, c'est vivre la mémoire, c'est rattacher chaque moment et chaque parole à un passé toujours présent. D'où le sentiment de vivre constamment en exil. Si le Juif n'évolue pas en deux lieux différents, il s'épanouit dans deux ères différentes. Pas commode? En effet ce n'est pas commode; mais c'est enrichissant.

Revenons à Abraham. On l'imagine aisément fils de parents riches et influents. Appartenant à l'élite du pays, il était certainement bien éduqué, cultivé, entouré d'égards et couvert d'honneurs. Et pourtant lorsqu'il reçut le commandement divin – *lekh lekha* – il n'hésita guère mais se mit en route. Commentaire midrashique : est-il possible que Dieu s'adressât à Abraham seul? La voix de Dieu n'emplit-elle pas les cieux et la terre? Voici la réponse : en ordonnant à Abraham de s'en aller, Dieu s'était adressé à tous les hommes; mais Abraham fut seul à l'entendre. Seul à agir, à obéir. C'est qu'il n'est pas facile de tout quitter, de tout abandonner et d'affronter l'inconnu. Il fallait être Abraham pour le faire. Il fallait être Abraham pour passer la dure épreuve du déracinement.

Cette épreuve, tous les enfants d'Israël, depuis le commencement, durent la subir. La fuite de Jacob. L'enlèvement de Joseph. L'évasion de Moïse. Toujours en mouvement, le Juif renonce au confort des habitudes. Prince égyptien, Moïse se serait installé dans le bonheur serein du palais royal; juif, il ne pouvait rester sur place, à jouir des plaisirs de la vie. Il devait se rendre auprès de ses frères en détresse. James Joyce raconte la rupture dans la personnalité de Moïse, en imaginant le dernier entretien entre le jeune Juif révolté et le grand-prêtre égyptien : « Tu vas nous quitter, Moïse? Serais-tu devenu fou? ou inconscient? Mais réfléchis! L'Égypte est un empire puissant; notre armée est invincible, notre commerce florissant, nos navires sillonnent toutes les mers, notre culture domine le continent, notre rayonnement est incontesté, nos dieux font la loi d'un bout du monde à l'autre – et toi, Moïse, tu vas nous rejeter pour te joindre à une tribu de fugitifs pauvres et persécutés dont la patrie n'existe pas et dont le dieu unique est invisible? » Egyptien, Moïse aurait suivi la logique du grand-prêtre; juif, il suivait une autre logique : celle qui rejette la facilité, la stabilité, les illusions du présent pour se lancer dans une aventure où le défi est à la mesure de la promesse. Eût-il écouté le grand-prêtre, Moïse ne serait pas Moïse. Juif souverain, Juif conscient de sa souveraineté, Moïse percevait l'appel du lointain. Comme ses ancêtres avant lui, comme ses descendants, Moïse savait que pour s'accomplir il devait devenir personne déplacée.

Pas facile? Pas facile du tout. Traverser le désert, se retrouver étranger parmi des inconnus, écrasé de solitude, alors que, chez lui, le roi lui avait prodigué ses faveurs... Il était quelqu'un en Égypte... Il avait une situation enviable, enviée... Mais voilà : il était juif. Et un Juif doit avoir le courage et la force de partir. Certains en manquent. Invités à revenir au pays de leurs ancêtres, nombreux sont les Juifs qui préfèrent rester en exil, en Babylone. Ils s'y trouvent bien. Ezra et Néhémie essayent de les convaincre que la patrie a besoin d'eux : il faut rebâtir le Temple, restructurer le royaume juif, reprendre possession de Jérusalem; en vain. Dix mille personnes suivent leurs deux chefs, c'est tout. Les autres – et ils sont la majorité – trouvent tous les prétextes du monde pour continuer leur vie – les affaires, l'éducation de leurs enfants – en terre étrangère. Des sages talmudiques leur en voudront : « Si tous les Juifs avaient suivi Ezra et Néhémie en Palestine, le second Temple n'aurait pas été détruit. »

Après la destruction du second Temple, ils ne pouvaient plus se rendre en Terre sainte, en tout cas :

pas comme avant. Appauvrie par l'occupant romain, la Judée n'attirait que l'élite intellectuelle et religieuse.

Un peu partout dans le monde, des Juifs – anciens esclaves rachetés, réfugiés chanceux, commerçants – établissaient des communautés. Certaines, comme celle d'Alexandrie ou de Rome, possédaient leurs structures, leurs académies, leurs légendes. Ne savaient-elles pas que leur situation ne pouvait être que provisoire? Loin de Jérusalem, l'histoire juive se déplaçait selon un rythme plus ou moins régulier : elle-même semblait être condamnée à l'exode. A peine arrivé, son centre se sentait menacé. Résultat : il épousait, en errant, tous les contours de la Diaspora juive.

Départs et arrivées sans fin, créations et dissolutions d'identités collectives, persécutions et paroles rassurantes, apaisantes : pas une génération ne surgissait sans que des Juifs fussent accablés de souffrances quelque part. Et sans qu'ils dussent reprendre la route vers l'inconnu, le péril, souvent la mort.

Migrations forcées, séjours volontaires : généralement, le Juif redoutait le déracinement. Bien que considéré comme étranger partout, il jugeait trop compliqué, trop difficile de s'en aller : où prendre la force de tout recommencer de zéro? Mieux valait patienter, espérer, prier, rêver : en un mot – s'adapter. Nul ne savait, comme lui, s'insérer dans chaque société, s'incruster dans chaque paysage, pénétrer chaque milieu. Maimonide était le médecin du calife, Ibn Gabirol composait des poèmes courtois, Don Itzhak Abrabanel était conseiller politique à la cour des rois catholiques Ferdinand et Isabelle d'Espagne. En peu de temps on pouvait assister à l'émergence de vie et d'activité juives dans les villes et les villages d'Afrique

du Nord, de France, d'Allemagne, d'Ukraine et de
Russie. Exilés d'Espagne, les réfugiés juifs s'installè-
rent en Hollande où, presque du jour au lendemain, ils
réussirent à mener une vie culturelle et religieuse dont
les effets parvenaient jusqu'aux confins de l'Europe.
Comment expliquer la rapidité de l'enracinement et de
la croissance? Ailleurs, c'était pareil. Une famille juive
apparaissait quelque part; l'année d'après, il y avait là
toute une communauté. Décimée plus tard, massacrée,
elle se reconstituait miraculeusement. Parfois nous ne
comprenons pas : la survie juive échappe à l'entendement. Lisez les chroniques du temps des croisades, ou
des pogroms : les tueurs ravageaient tel et tel village
juif et réduisaient ses demeures en cendres; pourtant, à
peine étaient-ils partis, que le village remontait de ses
abris souterrains et reprenait vie. Mais, pour l'amour
du ciel, pourquoi les Juifs continuaient-ils comme si de
rien n'était? Pourquoi n'apprenaient-ils pas la leçon?
Logiquement, ils auraient dû ramasser leurs pauvres
possessions et aller chercher un nouveau refuge! Souvent, trop souvent, ils restaient. Le malheur? Ils s'en
accommodaient. L'environnement hostile? Ils l'accep-
taient. Comme la tempête, le froid, la sécheresse. La
haine, la cruauté, la mort : on s'y habituait. Tout cela
faisait partie de l'exil. Puisqu'il fallait y vivre, autant se
familiariser avec ses obstacles.

Non, je ne comprends pas : pendant des siècles et des
siècles, l'Europe chrétienne avait tout entrepris et tout
fait pour que les Juifs s'y sentent indésirables; et
pourtant, les Juifs s'accrochaient à son sol, refusant de
le lâcher. L'ennemi les pourchassait, les torturait, les
humiliait, les condamnait au pilori, les affamait, les
noyait, les brûlait vifs : rien à faire. Ils s'obstinaient

dans leur refus de partir. Ils ne partaient que sous la contrainte – et là, ils s'en faisaient une raison.

L'une des rares fois où des Juifs furent prêts à quitter leurs foyers volontairement – et en masse – fut le moment de la prédication sabatéenne. Répondant à l'appel du faux messie de Smyrne, d'innombrables communautés étaient prêtes à tout liquider, à courir vers Jérusalem.

Cas rare sinon unique dans l'histoire de la Diaspora. En général, le Juif détournait ses yeux du messager qui essayait de l'inciter à choisir l'exode. Avouons-le : il fut un temps où nous aurions facilement pu nous installer en Terre sainte. Combien suivirent Rabbi Yehuda he-Hasid ou Reb Gershon Kitiver ou Reb Mendel de Vitebsk? Pourquoi les « Amants de Sion » comptèrent-ils si peu d'adhérents? C'est un fait indéniable : si les Juifs européens avaient souhaité rentrer chez eux – chez nous – en Terre sainte dans les années 20 ou 30, ils auraient pu le faire sans difficulté réelle. Mieux : un souvenir personnel. Nous étions déjà en pleine guerre. La Palestine nous semblait plus loin que le paradis; pourtant il nous était possible de nous procurer des « certificats » pour nous y rendre : une seule famille profita de l'occasion. Les autres? Je me rappelle les réponses : Impossible de tout jeter dans la rue... Nous sommes trop vieux pour chercher un nouveau métier... Et puis, la guerre va bientôt s'achever... Armons-nous de patience...

Certes, nous ne savions pas, nous ne pouvions deviner l'étendue de la catastrophe. Nous nous montrions sceptiques devant les messagers de malheur qui s'efforçaient de nous secouer de notre torpeur. Nous ne voulions pas croire que la nuit était si noire, et qu'elle allait nous engloutir.

Résultat : les Juifs allemands attendirent jusqu'à ce qu'il fût trop tard. Et les Juifs polonais aussi. Et les Juifs français aussi. Craignant l'exil, ils préféraient rester dans ce qui allait devenir leurs cimetières. Par peur de l'exode, ils ne bougeaient pas, alors qu'ils auraient dû courir, fuir aussi vite, aussi loin que possible. Conséquence de leur attachement à leurs foyers, à leurs biens, à leurs habitudes : l'ennemi les arracha à leurs biens, à leurs foyers, à leurs habitudes, à leurs familles, à leurs identités, à leurs noms.

Pour les victimes, l'exode final fut de l'être au néant : le revers de l'histoire de la sortie d'Égypte.

## II

Pour un Juif, aucune aventure n'est plus stimulante
que celle de son histoire. En y plongeant, il découvre
des événements dont certains le portent aux sommets
de l'extase, et d'autres qui le poussent vers les ténèbres
du désespoir. Et tous relèvent d'un mystère à nul autre
pareil : celui de sa propre survie.

Comment ce peuple numériquement faible et géo-
graphiquement menacé a-t-il réussi à traverser les
siècles, alors que tant d'autres ont disparu? comment
cette communauté isolée et persécutée a-t-elle fait pour
survivre à ses tortionnaires?

Ce phénomène défie toutes les explications rationnel-
les. Logiquement, le peuple juif aurait dû, à plus d'une
reprise, sombrer dans la tempête. Les occasions ne lui
manquaient point. La première destruction du Temple,
la seconde invasion de Jérusalem, la dispersion, l'op-
pression religieuse, raciale, ethnique, les lois abjectes et
humiliantes, les pogroms, les massacres : aucune nation
n'a subi tant d'épreuves, ni suscité tant de haine chez
tant d'adversaires.

On détestait le peuple juif parce qu'il était trop riche
ou trop pauvre, trop fidèle ou pas asssez fidèle à ses

traditions, trop nationaliste et trop universel, trop
intellectuel et trop laborieux, trop ouvert ou trop
cachotier. Les réactionnaires l'accusaient de menées
communistes, les communistes lui reprochaient ses
attaches capitalistes. La haine du peuple juif réconci-
liait les ennemis qui se haïssaient entre eux. Souvent on
pouvait penser que l'histoire elle-même essayait de
rejeter le peuple juif, comme s'il était un élément
étranger.

Seulement elle n'y parvint guère. La raison en est
simple : l'histoire juive est profondément liée à l'histoire des autres peuples. Liens multiples et indestructibles : culturel, religieux, social, économique, politique
et artistique. On ne peut concevoir la civilisation telle
que nous la connaissons sans reconnaître la part que le
peuple juif y a jouée en la fécondant de sa passion, de
sa force vitale et de sa foi. Abraham et la Chaldée,
Moïse et l'Égypte, Ezéchiel et la Babylone, il y a
influence des deux côtés. Pour mesurer leur grandeur,
il faut les situer dans leur temps. La tradition juive se
définit par le combat contre les idoles et l'esclavage. De
toutes les lois bibliques, la plus belle est celle qui exige
de l'homme de se vouloir libre : un esclave qui souhaite
le rester sera châtié : nul homme n'est libre de renoncer
à sa liberté. Voilà, en substance, l'héritage juif à travers
les siècles : enfants du même père, nous sommes tous
souverains par rapport les uns aux autres.

Eussé-je à choisir ma période préférée, je désignerais
le début de notre ère : celle qui donna naissance au
Talmud. Chef-d'œuvre à nul autre pareil, le Talmud
représente le sommet du dialogue auquel participent des
sages et leurs disciples séparés dans le temps et
l'espace. Le Talmud : la fête de l'imagination et du

verbe. A première vue, les Traités divers semblent contenir des textes désordonnés. Il suffit de les approfondir pour en apprécier l'organisation et le système : aucun récit n'est superflu et tous les exemples sont à leur place. Le Talmud : un genre littéraire qu'il faut connaître pour en savourer la beauté.

Pourquoi les ennemis du peuple juif manifestaient-ils une telle haine à l'égard de tout ce qui touchait le Talmud ? On le brûlait, on l'humiliait, on le ridiculisait en public. « Un esprit talmudique » était, pendant longtemps, considéré comme quelqu'un à la pensée tordue. Peut-être sentaient-ils que, pour les Juifs dispersés, le Talmud ou plutôt : l'étude du Talmud devenait à la fois repère et refuge. Et surtout moyen de survie. Si le peuple juif a survécu à tant de persécutions, c'est en grande partie grâce au Talmud. Loin de Jérusalem, l'étudiant se liait à Jérusalem par la mémoire. En analysant les coutumes anciennes, en répétant les prières d'autrefois, le Juif s'élevait au-dessus du temps et échappait ainsi aux périls qui, de partout, le guettaient.

Une autre période qui m'intrigue : l'Age d'Or en Espagne. En ce temps-là, les Juifs vécurent dans une symbiose totale avec leurs voisins arabes ou chrétiens. Les philosophes se connaissaient entre eux, les poètes aussi et les hommes d'affaires bien davantage. Maimonide fut le médecin privé du Calife au Caire, tandis que Don Itzhak Abrabanel figurait parmi les proches conseillers des Rois catholiques d'Espagne. Puis vint la catastrophe : en peu de temps et en peu de mots les Juifs reçurent l'ordre de choisir ente la conversion et l'exil. Il avait suffi de peu de chose, d'un conseil, d'un décret, pour qu'un chapitre glorieux et d'apparence permanente fût brutalement interrompu à tout jamais.

Là, dans ce chapitre, j'aime m'attarder sur tel ou tel personnage. Rien ne sert de courir vite. Un Shmuel Hanagid, commandant d'armée et poète, mérite d'être connu. Nahmanides aussi : cet orateur prestigieux dut fuir l'Espagne pour avoir gagné une disputation avec l'Église. Et Yehuda Halevi, ce chantre de l'amour sacré, qui alla à Jérusalem, porté par son chant, et tomba sous l'épée d'un soldat ennemi.

D'autres périodes me passionnent : les mystiques juifs d'Allemagne, puis ceux d'Espagne, puis ceux de Safed. Rabbi Itzhak Lurie, Rabbi Hayim Vital : leurs destinées sont d'une telle intensité qu'ils nous font rêver.

Plus proche de nous, le XVIIIᵉ siècle nous fait entrer dans une galerie peu ordinaire : d'un côté, les rois déchus, les révolutionnaires assoiffés de sang et de violence, et de l'autre Rabbi Israël Baal Shem Tov et ses compagnons-disciples ; les Maîtres de Mezeritch, Koretz, Polnoïe, Lublin, Ropshitz, Kotzk... Des légendes à n'en pas finir : chacune est belle, et la suivante plus belle encore. Naïveté, innocence, ferveur, quête de passion et de vérité, accent puissant sur l'amitié : sur quelle page mon regard devrait-il s'arrêter d'abord ? Impossible de traverser cette galerie en hâte.

Mais cela est vrai de toutes les époques, quand il s'agit de découvrir l'histoire d'un peuple dont la mémoire est la plus ancienne du monde.

Revenons au Talmud, je ne parviens pas à m'en détacher. Des centaines et des centaines de personnages nous y attendent. L'un est plus fascinant que l'autre. Rabbi Akiba et son martyre, Rabbi Shimon bar

Yohai et sa solitude, Rabbi Zeira et son amour d'Israël, Rabbi Hanina ben Dossa et sa prière, Elisha ben Abouya et son hérésie : chacun nous ouvre la porte. Comment faisons-nous pour ouvrir celle-ci et non celle-là?

Pour la connaissance acquise, les miracles n'existent pas. Rien ne remplace l'étude, je veux dire : l'étude systématique. Les pages, il ne faut pas les tourner trop vite. Chacun a sa place dans la mosaïque. Sans elle, l'ensemble ne tient pas.

Vous vous rappelez Hillel? Au païen qui veut se convertir, et apprendre toute la Torah en une seconde, il répond : « Aime ton prochain comme toi même ». Tout le monde connaît cette réponse, mais nous en oublions la seconde partie : « Et maintenant va étudier. »

Autrement dit : Prends ton temps. Le superficiel est l'ennemi de la connaissance. Ayant suscité l'appétit par des images, l'éducateur ira enfin rouvrir les livres.

# III

Évoquant le messianisme apocalyptique, un célèbre Maître hassidique disait : « En ce temps-là, l'été sera sans chaleur, l'hiver sans gel, les sages auront oublié leur sagesse et les élus leur ferveur. »

Un autre Maître : « En ce temps-là, on ne distinguera plus la lumière de ce qui tue la lumière, le crépuscule de l'aurore, le silence de la parole et la parole de son contenu ; il n'y aura plus de rapport entre l'homme et son visage, le désir et son objet, la métaphore et le sens de la métaphore. »

Prémonitions, prédictions orwelliennes avant la lettre. L'ennemi réside non pas dans le triomphe du mal mais dans le chaos. La confusion des valeurs est pire que leur disparition. Satan sera châtié non pour avoir incité les humains à pécher, mais pour leur avoir raconté que c'était au nom du Bien. Tant que le jour et la nuit sont séparés, tout est possible ; qu'ils mêlent leurs royaumes et tous deux sont frappés de malédiction.

Voilà l'enseignement exaltant de la tradition juive. C'est dans la distinction que jaillit la vérité. Pour que la Création se révèle, Dieu doit se rétracter dans Son secret. « Béni soit le Seigneur d'avoir offert au coq l'intelligence de discerner entre l'obscurité et la lumière », dit l'homme juif tous les matins. Et après le septième jour, à la tombée du crépuscule, que dit-il ? « Béni soit le Seigneur d'avoir séparé le Shabbat du restant de la semaine, le sacré du profane. »

Que les frontières soient abolies, et ce sera l'Apocalypse.

Enfant, je redoutais les temps messianiques et pourtant de tous mes vœux je les appelais. Je n'étais pas le seul à éprouver ces sentiments contradictoires. Dans le Talmud, déjà, un Sage s'était exclamé : « Je souhaite la venue du Messie mais je ne tiens pas à être là pour l'accueillir. » Trop de tourmentes sont censées le précéder. Trop de guerres. Trop de massacres. Kafka avait raison de dire que le Messie n'arriverait pas le dernier jour mais le jour d'après : trop tard pour trop de gens.

Cependant, contrairement au Sage talmudique, j'étais prêt à accepter l'événement dans sa totalité. Je vivais dans son attente. Je me disais, on me disait : être juif c'est attendre. La différence entre les autres peuples et le mien ? Nous n'avons pas dépassé l'attente ; nous nous dépassons à l'intérieur de l'attente.

Comprenez : pour nous, l'Apocalypse ne faisait pas partie de l'avenir lointain mais de l'immédiat. Il nous suffisait de sortir dans la rue certains jours pour nous en apercevoir. Le danger partout. La haine. La mort. Pour nous, le sol n'était nulle part solide. En exil, toujours, en fuite : le monde des hommes, le bonheur des hommes nous échappaient.

Souvent nous avions le sentiment de vivre les malédictions de l'Écriture : la nuit, nous attendions que se

lève le jour; le matin, nous attendions que tombe le
soir.

Chassés de partout, pourchassés partout, accusés de
tous les méfaits, blâmés pour tous les maux, nous ne
comprenions pas ce qui se passait autour de nous. Nous
semblions vivre dans un univers à part, parler un
langage à part. En nous regardant, les gens semblaient
entrevoir une vision ancienne d'épouvante. Quant à
nous, nous n'avions où poser le regard : expulsés de la
géographie, nous nous réfugiions dans des livres.

Là, nous retrouvions gloire et souffrance d'autrefois
et nous nous en servions comme repères et appuis.
Nous racontions la peine de nos ancêtres en Égypte et
du coup la nôtre paraissait plus tolérable. Nous évoquions la destruction du temple de Jérusalem, les
persécutions meurtrières au temps des croisades, les
victimes de l'Inquisition, les incendies des synagogues
durant les pogroms, et nous nous sentions étrangement
rassurés sinon encouragés : les temps étaient durs? Bah,
ils l'avaient toujours été et pourtant, nous étions
toujours là, inchangés. L'Apocalypse? Nous savions
comment la traverser, y survivre : oui, à force de
mourir sans cesse, nous avions acquis l'art de la
survie.

L'avenir, je veux dire l'avenir immédiat, nous y
songions avec appréhension. Tout changement est pour
le pire : telle était notre certitude. Nos amis eux-mêmes
changeaient d'attitude à notre égard dès qu'ils accé-
daient au pouvoir. « Quiconque persécute les Juifs
s'érige en chef », affirme le Talmud. Et réciproquement : « Quiconque acquiert une position de puissance
se met à persécuter les Juifs. » Il valait donc mieux
subir les châtiments connus, familiers, des souverains

en exercice. Dans nos prières nous parlions des jours qui passaient et non de ceux à venir. Enracinés dans le passé, nous répondions au présent. Anticiper le lendemain signifiait sentir le souffle de l'ère ultime, celle de l'Apocalypse.

Or, cela est une chose à ne pas faire. L'Apocalypse n'a pas bonne presse dans la tradition juive. On admire Ezéchiel, on aime Isaïe parce que, pareils à Jérémie, ils ne laissent pas leur vision et leur parole se vautrer dans la tristesse; ils annoncent la consolation et l'espérance.

Certains ouvrages de valeur, du point de vue éthique autant que littéraire, n'ont pas été inclus dans le canon sacré uniquement parce qu'ils étaient empreints de trop de désespoir.

Ben Sira et Baruch Dalet, par exemple, inspirent trop de pessimisme. Voilà pourquoi ils relèvent des apocryphes. Job lui-même allait connaître le même sort. Nombre de savants avaient discuté son cas pendant des générations avant de décider en sa faveur : et cela, sans doute, grâce au dénouement optimiste du drame. Après la catastrophe, Job redevient heureux, en paix avec le ciel et soumis à Sa volonté.

Pour nous, aujourd'hui, il est moins aisé de refermer les parenthèses. Plus que jamais l'avenir, source d'effroi, reflète notre passé, cimetière d'illusions. Dans la mesure où mes contemporains croient en l'Apocalypse, ils se réfèrent à celle qu'ils ont vécue. Ils parlent de mémoire plus que de vision. Ils ont peur : ils ont peur parce qu'ils se souviennent. L'imagination tragique n'est pas la limite de la douleur; la mémoire tragique va plus loin. Quand les deux se rencontrent, le cauchemar devient sans issue.

Or, c'est le cas du survivant : ses souvenirs, liés à un événement d'ordre absolu, pèsent sur l'avenir autant que sur le passé. Ce qui, pour Orwell, relevait de la fantaisie ou du pressentiment, est pour le rescapé d'Auschwitz matière vivante. Orwell, c'était avant; pour nous, c'est après. Et avant. Autrement dit : pour nous, le temps se serait arrêté entre Auschwitz et Hiroshima.

Attention, ne les comparons pas. Dans le domaine de l'univers concentrationnaire toute analogie ne peut qu'être fausse. Et blasphématoire. En dépit – ou en raison – de ses implications et applications universelles, l'Holocauste demeure unique : c'est dans sa singularité que réside son universalité. Et pourtant. Niant l'Histoire, Auschwitz représente une sorte d'aberration et de point culminant de l'Histoire. Tout nous y ramène. Illuminé par ses flammes, le présent apparaît plus compréhensible, ne serait-ce qu'au niveau existentiel. Les engagements d'aujourd'hui s'expliquent par l'indifférence de jadis qu'ils s'acharnent à récuser et à condamner. Déshumanisé, déshumanisant, le système nazi a ouvert la voie à beaucoup d'autres. Si notre langue est corrompue c'est parce que, en ce temps-là, la langue elle-même était dénaturée. Des mots innocents et beaux désignaient les crimes les plus abjects. Nuit et brouillard, sélection ou évacuation ou traitement spécial : nous savons maintenant que ces termes signifiaient torture et tourmente par la faim, l'isolement et la terreur. Le premier crime commis par les nazis fut contre le langage. Il excluait de l'expérience tous ceux qui n'étaient pas directement impliqués. Seuls se comprenaient les bourreaux et les victimes. Les autres écoutaient et lisaient sans comprendre.

Comprend-on maintenant? Je n'en suis pas certain.
Je serais plutôt certain du contraire. L'expérience
concentrationnaire défiera à tout jamais toute possibilité de compréhension. Sur ce plan-là elle diffère de la
vision orwellienne de la société où, malgré tout, les
choses se tiennent par une logique rigoureuse et irrévocable. Chez Orwell, c'est la loi antinomienne qui
s'impose en règle immuable : dès que les rôles sont
renversés, les rapports entre les acteurs demeurent les
mêmes. Changement de signe qui serait inconcevable
dans le Royaume de la nuit : il ne s'agit pas là d'une
métamorphose à l'état pur – ou pas seulement d'une
métamorphose. Auschwitz et Tréblinka sont autre
chose – et ils demeureront toujours *autre chose*. Dire
qu'on y a remplacé le bien par le mal, la vérité par le
mensonge, la vie par la mort, ne suffirait pas à en saisir
la signification profonde. Remise en question permanente de la condition humaine, le phénomène concentrationnaire nous blesse et nous interpelle mais n'offre
jamais de réponse. Voilà ce que nous avons appris à
Auschwitz : il est possible de vivre et de mourir sous le
signe exclusif de l'interrogation. De même qu'il n'existe
pas d'argumentation pour nous expliquer Maidanek, de
même il n'en existe pas pour nous dire comment nous
avons fait pour vivre après Maidanek.

Peut-être faudrait-il évoquer ici non pas Job mais
Noé. Après le Déluge, il fonde un nouveau foyer.
Comment fait-il pour oublier? Il n'a rien oublié. C'est
parce qu'il n'oublie rien qu'il décide de tout recommencer. Pour conférer un sens à sa survie. Et justifier
l'œuvre de Dieu en opposant un refus à la mort. Est-il
heureux? S'il l'était il ne se réfugierait pas dans
l'ivresse. Comment le serait-il? Tous ces morts qui le

hantent et l'appellent, qui l'accusent et le répudient. Pire : il prévoit la suite. Déjà l'horizon se couvre de nuages : une nouvelle tempête s'annonce. Poussés par un orgueil irraisonné et démesuré, les hommes s'élancent vers les hauteurs pour ériger une tour dont la tête toucherait le ciel. Mais ne savent-ils pas que le salut de l'être humain se définit par rapport à ses semblables? N'ont-ils donc rien appris? Attirés par l'espace, ils trahissent la terre et ses habitants. Là est la tragédie de Noé : le survivant se rend compte que l'Histoire continue comme si de rien n'était; qu'elle se répète : pour Noé, l'Apocalypse est à la fois rappel et avertissement. Lui incombe la tâche d'en faire révélation. Et leçon.

Seulement, telle est la nature des hommes. Ils refusent d'écouter. Avides de divertissement, ils repoussent la déposition des témoins. Comment les survivants ont-ils fait pour ne pas devenir fous? Ils ont parlé et rien n'a changé. Leurs ouvrages, traitant du destin commun des hommes, ne sont pas reçus. D'où leur désespoir. Si Auschwitz n'a pas forcé la société à se ressaisir, qu'est-ce qui pourrait le faire? La tragédie de l'Apocalypse, la voici : au lieu de l'affronter, les hommes s'en détournent. Ils agissent comme s'ils n'avaient pas découvert les voies menant vers l'abîme.

D'où l'angoisse qui habite ma génération, ou du moins ses penseurs, écrivains et artistes. Réussiront-ils à sauver de l'oubli tout ce qui serait capable de sauver l'humanité? Encore leur faudrait-il, pour y parvenir, avoir foi en leur mission. Or, ils ne l'ont plus.

Tout l'héritage des philosophes et des créateurs, depuis des siècles et des siècles, à travers cultures et quêtes collectives n'a pu empêcher la civilisation de se renier. Les triomphes de l'esprit, inscrits dans l'histoire des peuples à des titres variés, n'ont pu écarter la défaite. Socrate et Spinoza, Dante et Dostoïewski, Bach et Michel-Ange portent leur part de responsabilité en ce qui, dans des pays chrétiens fiers de leur progrès, a été entrepris pour servir la Mort. Les assassins de Tréblinka avaient tous lu Goethe et admiré Schiller. On trouvait parmi les officiers des Sonderkommando des scientifiques et des médecins, des psychiatres et des amateurs d'opéra. Imaginez-les à l'œuvre et vous aurez un aperçu de la véritable Apocalypse : les tueurs fous et sauvages qui égorgent enfants et vieillards en hurlant leur haine sont moins terrifiants que les êtres cultivés qui massacrent leurs victimes dans un calme absolu sans que leurs actes déforment leurs traits. L'Apocalypse, ce sont ces barons élégants qui abattent dix mille Juifs par jour à Babi-Yar; ce sont ces médecins qui accueillent les foules à Birkenau et envoient les faibles et les enfants droit aux chambres à gaz sans que leur sommeil en soit perturbé; ce sont ces docteurs ès lettres et ces docteurs en droit qui, à Wansee, élaborent le programme de la solution finale. L'Apocalypse, c'est un bureau spacieux et clair, des technocrates bien élevés, des secrétaires efficaces, des fonctionnaires qui collaborent avec ou sans passion, avec ou sans conviction, à imaginer puis à exécuter Auschwitz.

L'Apocalypse n'est donc plus une vision de bêtes crachant des flammes, de cavaliers porteurs de destruction, de demeures saccagées s'effondrant dans un tremblement de terre, imprimant à l'Histoire un hallucinant dénouement de cendres. L'Apocalypse, ce sont des êtres d'apparence douce, généreuse et intelligente pour qui la disparition d'une personne, d'une famille ou d'une communauté ne semble point avoir de portée réelle; ce sont des êtres pour qui l'abstraction seule compte.

Vertu au début, l'abstraction, ou le pouvoir d'abstraction, se révèle à présent source de malédiction. C'est elle qui, poussée jusqu'à sa conséquence ultime, démentielle, a fini par condamner notre siècle, au cours duquel tous les idéaux ont échoué, en se retournant contre les hommes qu'ils avaient prétendu vouloir sauver.

Marx et Lénine ont abouti au Goulag et le national-socialisme aux massacres scientifiques. Dans les deux cas, l'être humain avait été dépouillé de son identité, de son droit à l'individualité.

Je songe à ce que j'ai moi-même vu, senti et subi. L'ennemi nous a interdit de vivre d'abord dans notre demeure familiale, puis dans notre rue, puis dans notre quartier, ensuite dans notre ville, dans notre pays; il nous a pris d'abord notre maison, puis nos biens, ensuite nos vêtements, nos cheveux et, pour finir, notre identité : nous étions devenus des numéros, des objets : des fonctions. Une abstraction. Un signe invisible dans le vaste schéma de l'Apocalypse muet et mystérieux.

Peut-on le transposer dans l'avenir? Oui et non. Je ne crois pas que le peuple juif soit menacé comme il le fut de mon temps. Je ne crois pas qu'un système, qu'un gouvernement légal puisse se mettre en tête d'appliquer chez lui les méthodes éprouvées par l'Allemagne hitlérienne. Ghettos et chambres à gaz? Impossible. Nous serons protégés par la mémoire.

Mais j'ai peur d'autre chose. J'ai peur d'un transfert différent. J'ai peur que ce qui nous est arrivé n'arrive maintenant à tous les peuples. Né de l'indifférence, l'Holocauste a prouvé la puissance maléfique de l'indifférence. Il suffit que l'humanité soit suffisamment apathique pour que quelques individus s'arrogent le droit de déclencher, à partir de leurs bureaux climatisés, l'Apocalypse nucléaire. Et ensuite... Non, ma plume s'arrête. Je ne suis pas capable d'imaginer l'après.

L'imaginer serait, en quelque sorte, donc, le supposer possible, l'accepter, c'est-à-dire, en quelque sorte, le rendre possible. Bien qu'irréelle dans sa phase initiale, la vision de l'Apocalypse risque de surgir dans la réalité. Vaudrait-il mieux ne pas en parler? Pas du tout. Contradiction? Soit. Je suis prêt à l'assumer. Depuis la guerre, depuis la libération des camps, j'ai appris à ne pas fuir les paradoxes, mais à les revendiquer. Autrement, où aurais-je puisé la force de sanctifier la vie et faire confiance aux hommes?

Dire l'Apocalypse passée est aussi difficile – et pas moins dangereux – que d'articuler celle à venir. La solution? Il est impératif, pour les créateurs, d'en garder la vision présente à l'esprit, mais sans la mettre en paroles. Il leur faudrait pouvoir parler d'enfants heureux – ou encore heureux – tout en gardant les yeux sur la planète en flammes. Il leur faudrait pouvoir décrire les pauvres ambitions quotidiennes de leurs pauvres personnages tout en fixant du regard les cieux se couvrant de ce nuage mortel que les prophètes de la science nous montrent si bien.

Seulement, à force de regarder nous risquons de perdre le goût sinon l'usage de la parole. Comment l'employer en sachant, en reconnaissant sa futilité?

Peut-être serait-il utile de ne plus parler de vision mais de voix d'Apocalypse : celle du témoin rendu muet par son impuissance à dire ce que lui seul pourrait dire pour aider les hommes à vivre. Et à espérer.

# HISTOIRES

## I

On était venu dire au célèbre Tzaddik de Rovidok que le Messie l'attendait. « Moi ? Pourquoi moi ? Mortel comme vous tous, coupable plus que vous, en quoi aurais-je mérité d'être invité par l'émissaire béni de Dieu ? » Il ne comprenait pas, mais autour de lui disciples et adeptes souriaient en échangeant clins d'œil complices et petites exclamations de fierté : qu'il était donc humble, leur chef spirituel ; cela lui ressemble, cela lui ressemble tout à fait de douter de lui-même en cette heure grave et historique. Et comme il n'avait pas l'air de se dépêcher, ils se firent impatients en répétant que le Messie l'attendait : « Il n'attend que vous, Rabbi. De votre réunion dépend le destin de notre peuple, donc de tous les peuples. Le temps presse, Rabbi. Si, Dieu nous garde, vous arrivez en retard, jamais les générations futures ne vous le pardonne-ront ! » « Bon », bougonna le Tzaddik de Rovidok. Il mit sa pelisse des grands jours et, accompagné de son fidèle serviteur Reb David, suivi d'une foule d'adeptes enthousiastes, il quitta sa demeure. Dans la rue, les gens s'écartèrent respectueusement pour le laisser pas-ser. Il marcha quelques minutes et s'arrêta. « Qu'est-ce qu'il se passe, Rabbi? » demanda le serviteur. « J'entends un enfant, dit le Tzaddik. J'entends un enfant qui pleure. » Des cris fusèrent de tous côtés : « Cet enfant cessera de pleurer... Sa mère le calmera... Un enfant qui pleure ne prouve rien... Tous les enfants pleurent... Le Messie attend et vous vous occupez d'un enfant? » Mais le Tzaddik de Rovidok s'obstina : il entendait un enfant qui pleurait; il fallait qu'il aille voir s'il n'avait pas faim, ou soif, ou s'il n'était pas malade. Et comme ses adeptes protestaient, il leur expliquait doucement : « Nourrir un enfant affamé est plus urgent que d'aller saluer le Messie. »

## II

Dans la sainte communauté de Lorozits, connue pour sa *yeshiva* que dirigeait le grand Rabbi Hayim, il y avait un mendiant solitaire et mystérieux. On ne connaissait ni son passé ni son nom. Il vivait dans le *hekdesh,* l'asile traditionnel pour les pauvres de passage, et n'acceptait jamais d'invitation chez les habitants. Pas même pour le repas du *Seder.* Au début, ses amis mendiants se moquèrent de lui, tentant de le provoquer afin de le tirer de sa torpeur. En vain. On pouvait le battre, l'insulter, le torturer; il laissait faire.

Seul Rabbi Hayim avait une influence sur lui. D'ailleurs, les deux hommes se voyaient une fois par an : la veille du jour du Grand Pardon. Ce jour-là, Rabbi Hayim le faisait venir dans sa chambre. Dans quel but? Mystère. Plusieurs fois, après les fêtes, les disciples interrogeaient leur maître sur la relation étrange qu'il pouvait entretenir avec le mendiant; ils ne réussirent pas à le faire desserrer les lèvres.

Des années s'écoulèrent. Rabbi Hayim se faisait vieux, le mendiant aussi. Leur dernière réunion fut plus longue que les précédentes. A l'étonnement général, le mendiant accepta de s'asseoir à la table du Rabbi pour le repas qui précède le long jeûne du Kippour. Il mourut le lendemain. Le Rabbi lui-même prit la tête du cortège qui suivit le cercueil jusqu'au cimetière. Ce fut lui qui prononça l'oraison funèbre :

« C'était un saint, dit-il. Un grand Tzaddik. De partout, on était venu suivre son enseignement. C'est tout ce que je peux vous dire. Il ne voulait pas que vous sachiez les raisons de son comportement. Moi je les connais. Et c'est donc en connaissance de cause que, devant Dieu et devant les morts qui gisent dans le monde de vérité, je déclare solennellement que Tzaddik il était, et Tzaddik il est resté. »

A ses proches, il communiqua son souhait : il tenait à être enterré près du mendiant.

### III

Ce jour-là, il y eut un grand brouhaha au ciel. Mille et mille Sages et Justes accueillirent le Tzaddik de Rovidok dans l'allégresse et la ferveur. Les patriarches furent les premiers à lui souhaiter la bienvenue; puis vinrent les prophètes, les scribes, les commentateurs, les guides et tous les autres bergers du troupeau d'Israël : ils l'embrassèrent et le portèrent en triomphe jusqu'au siège du tribunal céleste. Là, en présence du Juge sur son trône illuminé, tous se turent. Une voix à la fois tendre et puissante ordonna au Tzaddik de Rovidok d'approcher. « C'est la coutume, lui chuchota un Sage. Toi, tu n'as rien à craindre; tu es entre amis. » Point rassuré, le nouvel arrivant fit un pas en avant et baissa la tête, respectueusement, pour recevoir les questions d'usage.

« As-tu fait ton commerce honnêtement? » Un murmure amical traversa le public d'invités. Elle était bien bonne, celle-là. Le pauvre Tzaddik de Rovidok, même pendant son existence glorieuse, n'avait jamais profité de sa situation, c'était connu. Il refusait le salaire et les offrandes que ses admirateurs lui apportaient. Il avait ordonné à son épouse de veiller à ce qu'il ne restât jamais une pièce d'argent dans leur foyer : si, par mégarde, elle ne s'en était pas débarrassée, lui, le Tzaddik, ne pouvait dormir la nuit. « Alors? dit la voix tendre et effrayante. Tu dis oui? » Le Tzaddik de Rovidok hocha la tête en signe d'assentiment, mais ce fut le public qui répondit pour lui : « Oui, oui ». Bon, deuxième question rituelle : « As-tu vécu dans l'attente du Messie? » Là encore, ses protecteurs voulurent crier « oui, oui » : quel rabbi, quel tzaddik, quel Juif ne vit pas dans l'attente du Messie? Mais, sur un signe du Juge, ils se turent. « Alors? Tu dis oui ou non? » fit la voix céleste. Le prévenu se mit à hocher la tête en signe de négation. Le public poussa un cri d'incrédulité : « Pas possible, pas possible! » Et le Tzaddik de Rovidok raconta son aventure avec l'enfant qui avait faim. Là-dessus, l'Ange accusateur sauta sur un banc et hurla : « Ah, vous avez entendu? Il vient de tout avouer! Non seulement qu'il n'a pas attendu le Messie, il l'a fait attendre! Je réclame un verdict sévère! Exemplaire!» Dans le public consterné, quelques vieillards pleurèrent. Soudain une voix s'éleva : «Je désire parler. – En tant que quoi? – En tant que témoin de la défense.» C'était Moïse. D'une voix posée et unie, sans la moindre trace de bégaiement, il rappela au Tribunal ses propres expériences : «Souvenons-nous du commencement de notre histoire. C'était quand? Sur le Nil, un enfant; il pleurait; si une princesse n'avait pas répondu à mon appel, si elle avait dit qu'elle avait mieux à faire, où en serait le peuple d'Israël aujourd'hui?» Applaudissements dans les cieux; l'univers tout entier en fut secoué. Mais l'Ange accusateur ne se tint pas pour vaincu. Avec un manque de respect envers Moïse qui n'étonna personne, il lui donna la réplique : «Ce n'est pas pareil. La princesse égyptienne n'avait pas été informée que le Messie l'attendait, tandis que...» L'Ange accusateur ne jugea même pas utile d'achever sa phrase. Maintenant, dans le public, l'inquiétude gagnait tous les rangs. Pauvre Tzaddik de Rovidok : si Moïse ne pouvait le tirer d'affaire, qui le ferait? La voix du Tribunal se fit entendre : «Y a-t-il quelqu'un qui souhaite prendre la parole? Non? alors...» Tout à coup on entendit une autre voix – fine, mélancolique, rêveuse – de très loin et de très près : «J'ai des choses importantes à dire, laissez-moi passer...» Le témoin – très jeune et très vieux, timide et pourtant très sûr de lui-même – toisa l'Ange accusateur et lui dit : «D'où tiens-tu que le Tzaddik de Rovidok m'a fait attendre? – Mais, bredouilla l'Ange accusateur, lui-même l'a admis. – Mais qui te dit qu'il m'a fait *attendre*? Eh bien, écoute, écoutez tous et je vous dirai ce qui s'est passé : ce jour-là, j'avais émis le souhait de rencontrer le Tzaddik de Rovidok. Je savais qu'il s'était mis en route; j'étais heureux. J'anticipais notre réunion avec joie; je me disais : avec lui, nous allons réciter litanies et prières qui pourraient modifier le cours des événements. Brusquement je m'immobilisai : je perçus les pleurs d'un enfant. Il avait faim, il avait soif, il avait peur de la solitude. Alors, je fis une chose terrible : je me rendis auprès de lui. Tout le long du chemin, je me sentais coupable envers le Tzaddik de Rovidok de le faire attendre au lieu désigné, mais je ne pouvais faire autrement : cet enfant pleurait, pleurait. Je ne pouvais pas ne pas y aller... Mais arrivé là-bas, dans la petite chaumière misérable, savez-vous qui j'ai trouvé avec l'enfant? Le Tzaddik de Rovidok... »

L'Ange accusateur prit la fuite, et les Sages, les Prophètes, les Justes et les Maîtres de tous les siècles prirent leur frère sur leurs épaules et le portèrent en triomphe. Ce jour-là, il y eut au ciel une fête dont on parle encore aujourd'hui.

## IV

Et l'enfant? Qu'est-il advenu de l'enfant qui pleurait? On dit que pendant des années il refusa de se marier. Se sentant coupable d'avoir gâché la rédemption, il préférait errer de ville en ville, d'école en école, cherchant partout un maître qui serait capable de lui donner un *tikoun*, un moyen de réparer sa faute.

Un jour, il arriva dans la communauté de Kozhenitz

où le Maguid Rabbi Israël avait son école hassidique. Le Rabbi le fit venir chez lui. Il l'interrogea sur ce qu'il faisait. « Pourquoi cette errance? Il est temps que tu jettes tes racines quelque part, que tu prennes femme et établisses un foyer. – Je ne peux pas, dit le vagabond. – Pourquoi pas? » Le vagabond lui raconta l'histoire qui avait hanté son existence. « Tu te sens coupable d'avoir pleuré? dit le Maguid. Grâce à tes larmes, le Messie et le Tzaddik de Rovidok ont pu donner une leçon magistrale au Juge suprême lui-même. Un Messie qui fait pleurer un enfant, ou qui demeure sourd à ses appels, quel genre de sauveur serait-ce? »

Le Maguid de Kozhenitz se perdit dans ses méditations, et un sourire illumina son visage ascétique : « Rentre chez toi, dit-il à son visiteur. D'ici un an tu seras marié; tu auras un fils; et s'il pleure, je te promets de tout laisser tomber, je serai là pour le nourrir... »

# LA SOLITUDE DE DIEU

La solitude : existe-t-il pour l'homme, pour le Créateur, pour le Juif, un problème plus angoissant? A la fois nécessaire et écrasante, la solitude m'affirme et me refuse : que serais-je sans elle, que deviendrais-je si elle seule occupait l'horizon? Créé à l'image de Dieu, l'homme est seul comme Lui. Et pourtant, il peut, il doit espérer. Il peut, il doit s'élever, se dépasser pour se dissoudre ou se retrouver en Dieu. Dieu seul, en fait, est condamné à la solitude éternelle. Seul Dieu est vraiment, irréductiblement seul.

Thème qui passionne les Maîtres hassidiques et mystiques. Pour eux, Dieu est souvent à plaindre. Eh oui, Dieu inspire non seulement amour et piété, justice et respect, mais aussi compassion et pitié. Plus précisément : l'homme, en ouvrant son cœur et son âme aux mystères inquiétants et exaltants de la création, ne peut pas ne pas éprouver, pour le Créateur, au sens le plus pur du terme, un sentiment de pitié : pitié pour le Père qui souffre avec ses enfants qui souffrent et que parfois Il fait souffrir; pitié pour le Juge accablé, transcendé par Sa propre rigueur; pitié pour le Roi dont la couronne est si souvent traînée dans la poussière, dont

la parole est mal entendue, mal comprise, mal inter-
prétée ; pitié pour le Seigneur qui est partout, toujours,
en toute pensée, en toute chose, en toute action, même
dans la douleur, même dans le mal, même dans le
manque, même dans l'absence qui déchire les êtres
humains, prisonniers les uns des autres, et tous de leur
solitude.

Car, que serait l'homme s'il n'était pas, au fond de
lui-même, un appel vivant lancé vers l'autre pour briser
sa propre solitude ? Qu'il y parvienne tout à fait, et il en
sera diminué : il vivra dans la durée et non dans le
temps. Mais, par ailleurs, peut-il entreprendre cette
action s'il sait d'avance qu'elle n'aboutira pas, pire :
qu'elle ne doit pas aboutir ?

Adam, solitaire, n'a point de problème : c'est là son
problème. « Ce n'est pas bon pour l'homme de vivre
seul », décrète Dieu. Alors, Adam découvre sa compa-
gne, Ève, à ses côtés. Est-ce elle son problème ? Non,
c'est lui-même. Lui-même face à Ève : avant, sa
solitude lui pesait ; maintenant, elle lui manque. Avant,
il ne savait pas qu'il était seul ; maintenant il vient de
l'apprendre. Désormais, il vivra dans ce cercle vicieux :
moins il est seul parce que quelqu'un vit avec lui, et
plus il a conscience de sa solitude. La solution ? Il n'y
en a pas, il ne peut pas y en avoir.

C'est pourquoi la solitude est à la base de tant de
quêtes philosophiques, et aussi de tant de mouvements
religieux. Je dis « moi », sans savoir à quoi, ou plutôt à
qui je me réfère. Qui suis-je ? celui qui parle ou celui
qui écoute ? Les deux formes du moi, les deux moi sont
séparés par un mur que seule une conscience absolue et
immortelle serait capable d'escalader, de dominer peut-
être. Des deux côtés, le moi vit seul. Et pourtant ! L'un

et l'autre sont enracinés dans la solitude de l'autre. C'est la raison pour laquelle une certaine tradition juive interdit l'emploi du moi singulier : seul Dieu peut dire « moi ». Dieu seul ne se définit que par rapport à ce moi. Seul Dieu n'a point besoin de sortir de lui-même pour être lui-même.

Mais j'interromps cette méditation. Quoi qu'il arrive elle nous ramène à nous-mêmes.

Enfant, dans ma petite ville juive enfouie dans les Carpates, je redoutais la solitude; pour moi, elle signifiait abandon. Le soir, j'attendais le retour de mes parents, comme j'attendais le matin l'apparition de mes maîtres, de mes camarades d'école. Et s'il leur était arrivé quelque chose? Surtout je ne voulais pas me retrouver seul, retranché, exclu de leurs expériences, fussent-elles malheureuses. Je savais, obscurément, que mon unique chance de survie était d'appartenir à ma famille, à ma communauté : vivre ou survivre en dehors me paraissait inconcevable. Autrement dit : j'acceptais la solitude collective mais non individuelle.

La solitude collective ne me faisait pas peur; j'en avais l'habitude. Ne durait-elle pas depuis l'Égypte, depuis le Sinaï? N'était-elle pas inhérente à notre condition même? Ne fûmes-nous pas longtemps seuls, dans une société païenne et idolâtre, à croire en un Dieu unique, à recevoir Ses lois, à Lui rester fidèles? Ne fûmes-nous pas seuls, dans un monde violent, à nous opposer au meurtre, au mensonge, à la convoitise, à l'esclavage et surtout à l'humiliation qui est la pire forme de l'esclavage?

Mais, dans cet ordre-là, l'isolement de soi ne signifiait pas exclusion d'autrui, et sûrement pas reniement
d'autrui. Nous pensions, conformément à la tradition
juive, que la Torah, l'essence de la judaïté, était, certes,
bonne pour les Juifs, qu'elle aidait à maintenir vivante,
féconde, leur particularité. Nous pensions, en d'autres
termes, que le Juif est en mesure, grâce à sa voie, à son
identification avec la Torah, de s'accomplir sous le
signe de la vérité. Mais, en même temps, un non-Juif
pouvait, en suivant sa voie à lui, atteindre au même
degré de vérité. Il pouvait, à partir de sa singularité,
accéder à l'universalité. En sorte qu'être juif voulait
dire : être et vivre non pas contre les autres, mais à
leurs côtés. Le prophète païen Bileam comptait nous
maudire en nous vouant à l'isolement; en fait, sa
malédiction se tourna en bénédiction.

Puis, avec le temps, redevint malédiction. Le terme
*levadad yishkon* en vint à signifier non plus isolement
mais exclusion. Et cela, à tous les niveaux : exclusion
de la société, de l'histoire et pour finir, de l'humanité.
Est-il nécessaire de répéter l'épouvantable litanie? Les
ghettos, les privations, les pogromes, les accusations
haineuses et absurdes, les persécutions raciales et
religieuses à travers les siècles et les pays de la
chrétienté, les autels nazis qui ont pour nom Auschwitz et Tréblinka... De quoi mes ancêtres et leurs
descendants étaient-ils morts si ce n'est du fait que
l'humanité avait décidé de les exclure pour mieux les
piétiner, déformer et anéantir?

Processus simple et combien efficace! On prenait nos
vertus. On les dénaturait pour en faire des caricatures.
Puis on nous reprochait nos manières, nos façons de
croire et de vivre caricaturales. On transformait notre

fidélité en servitude, notre foi en désespoir, notre goût pour la différence en désir d'exclusion, bref notre solitude en isolement. Parfois je ne sais plus ce qui devrait nous étonner le plus : la solitude à nous imposée du dehors ou l'entêtement par nous manifesté à la rompre.

Nos méthodes de résistance furent variées et multiples : nous nous adonnions à l'étude non seulement pour acquérir une connaissance ancienne, mais aussi pour y rencontrer des précurseurs; grâce à eux, nous nous sentions moins seuls. C'est là le secret et le pouvoir du Talmud : ses personnages sont vivants, présents. Ils nous interpellent comme s'ils étaient nos contemporains, comme si nos problèmes les concernaient et réciproquement. Je suis Rabbi Shimon bar Yohaï dans sa cave et il est moins seul, et moi aussi; j'écoute Rabbi Akiba et sa voix me touche, comme celle de Rabbi Zeira me bouleverse. Leur présent n'est pas mon passé, mais mon présent.

Si le mouvement hassidique a remporté des victoires si rapides, s'il a réussi au XVIII$^e$ siècle à s'enraciner en si peu d'années dans tant de communautés juives dispersées du Dniepr aux Carpates, c'est parce qu'il était une réponse et peut-être même un remède à la solitude. Un hassid n'est jamais seul; même quand il l'est, il a son Rabbi, son Maître avec lui, en lui; il lui suffit d'évoquer son visage de Shabbat pour rompre sa solitude. Si la vie lui pèse trop, s'il se sent découragé, déprimé, il n'a qu'à s'arracher à l'existence quotidienne des villages perdus et se rendre à la cour du Rabbi. Là, il retrouvera des amis, des compagnons riches et moins riches, érudits et moins érudits : ensemble ils chanteront, ensemble ils danseront, ensemble ils célébreront la solidarité juive, la fidélité à Dieu et à ses créatures, ensemble ils affirmeront leur conviction que, pour le meilleur ou pour le pire, l'homme a reçu le don douteux du ciel de subir la plus implacable des solitudes et d'avoir les moyens de la surmonter, de la transformer en espérance. La joie, le bonheur que j'ai éprouvés, enfant et adolescent, chez les hassidim, avec notre Maître, un soir de simple Shabbat ou à l'occasion d'une fête spéciale, jamais, depuis, je n'en ai ressenti de semblables. Et si, aujourd'hui encore, je me sens souvent envahi de nostalgie, c'est la nostalgie de ces rencontres-là, de cette joie-là, de cette plénitude-là : aucune solitude, aucune souffrance ne pouvaient leur résister.

Je me souviens, oui je me souviens de certains hassidim là-bas, dans le royaume de la nuit. Nous y éprouvions l'ultime aboutissement de toutes les expériences. Nous y franchissions la limite de l'angoisse, et de la solitude, et du combat contre elles. L'angoisse au-delà de l'angoisse... La solitude à l'intérieur de la solitude... Le désespoir nu... La tristesse dépouillée de tout fard, de tout langage et de toute apparence : voilà de quoi notre univers était fait. Si vous saviez le nombre et la qualité de ceux qui ont failli glisser et tomber... Réduits à l'état de victimes, pères et fils soudain s'affrontèrent en ennemis à cause d'un bout de pain. Amis et frères s'entre-déchirèrent pour une cuillerée de soupe, un instant de répit, une veste plus épaisse. Si vous saviez le nombre d'intellectuels libéraux parmi les Kapos, le nombre de sadiques parmi les intellectuels! Eh oui, c'est comme cela : ils furent nombreux à faire le mauvais choix. Oubliant tous les principes de leur éducation, ils échouèrent devant l'épreuve. Mais les hommes de conviction religieuse, les prêtres résistants, surent se tenir à la hauteur : aucun n'accepta de collaborer afin de sauver sa peau. Et cela est également, et plus encore, vrai des rabbins : aucun, je le répète : *aucun* n'a consenti à prendre le peu de pouvoir à lui offert pour vivre – ou vivre mieux, et plus longtemps – aux dépens de ses compagnons, de ses frères d'infortune. Au contraire, ils firent preuve d'une abnégation qui laissa les tueurs perplexes et, en un sens, stupéfaits. Quant aux hassidim, ils s'élevèrent plus haut que les cieux par leur esprit de foi et de solidarité : leurs prières communes les jours du nouvel an, leur décision de célébrer avec allégresse – vous avez bien lu : avec allégresse – la fête de la Loi. Et tout cela eut lieu dans des endroits où en voulant déshumaniser ses victimes, le tueur réussissait à se déshumaniser lui-même... Encore aujourd'hui, ma raison vacille; elle n'arrive pas à saisir le sens caché, la vérité brutale de ce que j'ai vu : d'un côté une humanité si pure, de l'autre une humanité si basse, comment était-ce possible? Prier Dieu à Birkenau, à l'ombre des cheminées, comment était-ce plausible? Comment pouvions-nous invoquer Dieu sur les ruines de Sa création?

Ces thèmes, je les traite dans mes contes. Autrement dit : ils m'obsèdent jusque dans mon écriture. Conteur, je fais de la solitude un acte contre la solitude.

Écrire, c'est quoi? Je m'approprie des mots qui appartiennent à tout le monde. Dès lors, je les fais miens; ils portent mon signe et mon sceau. Chacun me reflète, me condamne ou me reste fidèle. Entre les mots que j'emploie et moi le lien devient chargé d'être : je suis seul avec eux, mais je le serais davantage sans eux.

Tôt ou tard, ils deviennent ma raison de vivre et d'œuvrer. D'où leur ambivalence : quand ils chantent, je m'élève jusqu'aux cieux, quand ils sont gris et quotidiens, je suis sans vie.

Tout créateur éprouve les mêmes sentiments d'ambition et de dépression extrêmes. Samuel Beckett écrit « en désespoir de cause ». Rabbi Nahman racontait des histoires pour en faire des prières.

Si un autre moi pouvait écrire mes contes, je ne les aurais pas écrits. Je les ai écrits pour déposer. Mon rôle est celui du témoin. D'où la solitude qui pèse sur chacune de mes phrases, et sur chacun de mes silences. Chaque livre est à la fois mon premier et mon dernier livre. Et chaque histoire raconte la vie et la lutte du premier et du dernier Juif qui ont en commun leur solitude. Ne pas raconter, ou raconter autre chose, serait les trahir, les abandonner, et pire : porter faux témoignage. Que j'évoque Moïse ou Jérémie, Abraham ou le Baal Shem Tov, c'est mon contemporain qui me fait signe et à qui je fais signe : ils se portent à notre secours.

L'ont-ils fait aussi au temps de la nuit? Notre solitude en ces années-là fut sans précédent. Abandonné des hommes, oublié de Dieu, l'homme juif se sentait refoulé de la Création. Alors, durant un moment, vide et béant comme la gueule d'une bête, il fut forcé de se poser la question : est-ce la fin? En un sens, nous pouvions répondre oui. C'était la fin d'une époque, la fin d'une illusion. Peut-être était-ce même la fin du monde – sauf qu'il faut du temps pour comprendre ces choses.

Orwell n'était pas seulement écrivain, c'était aussi, à sa façon, un prophète : est-ce par hasard qu'il a pris l'an

1984 comme année charnière? Je ne le crois pas. Il suffit de tomber dans la complaisance, et de céder à l'oubli, pour que les retombées d'Auschwitz provoquent l'Hiroshima de demain.

Mais, me demanderez-vous, et le Messie là-dedans? Eh bien, j'y crois encore. Je crois en lui de tout mon cœur, et plus qu'avant. Mais sa venue dépend de nous. Comme les textes de la Kabbale le disent : la venue du rédempteur, c'est l'homme et non le Seigneur qui en détermine les modalités et l'heure.

Ce qui me ramène à ma proposition du début, celle qui parle de pitié envers Dieu.

Certes, comme tout le monde, j'ai connu la colère et j'ai élevé ma voix pour protester. Je ne le regrette pas. Mais, avec les années, j'ai compris le dédoublement de l'interrogation que subit l'homme moderne : de même que j'ai le droit de demander au Juge de tous les hommes : pourquoi as-tu permis à Auschwitz de se faire? – de même, Lui a le droit de nous demander : pourquoi avez-vous gâché ma création? De quel droit avez-vous coupé les arbres de la vie pour en faire un autel à la gloire de la mort?

Soudain, vous pensez à Dieu, dans Sa solitude céleste et lumineuse, et vous vous mettez à pleurer. Vous pleurez pour Lui et sur Lui. Vous pleurez tant que Lui aussi, dit la tradition talmudique, se met à pleurer, si bien que vos larmes et les Siennes se rencontrent et s'unissent comme peuvent s'unir deux solitudes mélancoliques et assoiffées de présence.

# SOURCES

« Mythe et histoire » fut une communication faite à l'Université Harvard dans le cadre d'un colloque sur « le Mythe et le réel » organisé en 1979 par l'Université de Boston où l'auteur est titulaire d'une chaire en sciences humaines.

« Le savoir et le non-savoir » : conférence faite en 1982 à l'Université Yale où l'auteur a été reçu docteur *honoris causa.*

Les chroniques ont paru dans divers journaux dont le *New York Times, le Monde, le Matin, Los Angeles Times, Newsday* et *the London Jewish Chronicle.*

« Retrouvailles » figure comme préface à l'Album de la Réunion des Survivants à Jérusalem.

« La Mémoire des livres » : discours prononcé lors de l'inauguration de la bibliothèque universitaire du Hebrew Union College à New York.

SOURCES

# TABLE

Achevé d'imprimer
le 8 février 1985
sur les presses de
l'imprimerie Hérissey
à Évreux (Eure)

*Imprimé en France*

Dépôt légal : février 1985
N° d'édition : 6594 — N° d'impression : 36494
ISBN 2-246-35231-2